Deutsches und Europäisches Strafprozessrecht
und Polizeirecht

herausgegeben von

Prof. Dr. Mark A. Zöller, Universität Trier

Band 3

Inès Ben Miled

Das vereinfachte Jugendverfahren und das Neuköllner Modell

Nomos

Die Deutsche Nationalbibliothek verzeichnet diese Publikation in der Deutschen Nationalbibliografie; detaillierte bibliografische Daten sind im Internet über http://dnb.d-nb.de abrufbar.

Zugl.: Potsdam, Univ., Diss., 2016

u.d.T.: Das vereinfachte Jugendverfahren und das Neuköllner Modell. Gegenüberstellung/Bilanz/Empfehlung.

ISBN 978-3-8487-3657-7 (Print)

ISBN 978-3-8452-7945-9 (ePDF)

1. Auflage 2017

J. T. Eibert

Danksagung

Einigen Wenigen möchte ich an dieser Stelle gesondert meinen Dank aussprechen.

Für den immerwährenden Beistand, die vertrauensvolle Betreuung und die motivierenden Gespräche die mir das Schreiben dieser Arbeit ermöglicht haben, möchte ich eingangs meinem Doktorvater, Herrn Prof. Dr. Wolfgang Mitsch, herzlich danken.

Noch während meines Studiums sensibilisierte mich Herr Prof. Dr. Michael Lemke, Ministerialdirigent a.D., für das vereinfachte Jugendverfahren. Hierfür und für die Erstellung des Zweitgutachtens gebührt ihm mein Dank.

Bedanken möchte ich mich bei Stephan Kuperion und Andreas Müller für die unermüdliche Diskussionsbereitschaft und die zahlreichen Hospitationen, die mir die Sichtweise eines Jugendrichters eröffneten.

Für den offenen, anregenden und Gewinn bringenden Austausch möchte ich ferner der ehemaligen Behördenleitung der Berliner Staatsanwaltschaft, Dr. Andreas Behm, danken. Namentlich möchte ich mich ferner bei Staatsanwalt Christian Lorke bedanken. Polizeidirektor Dr. Jörg Zähler und Polizeihauptkommissar Detlef Scheuch darf ich für die Möglichkeit der Hospitation und die offene Diskussionskultur danken. Hauptkriminalkommissar Kai Gottfried möchte ich hervorheben und für die kritische Würdigung meiner Ansätze und die Weitervermittlung von Ansprechpartnern wertschätzen.

Antonio Giarra-Zimmermann danke ich für die fachkundige politikwissenschaftliche Beratung sowie die aufmerksame und sprachkundige Korrektur der vorliegenden Arbeit.

Abschließend möchte ich mich bei der FAZIT-Stiftung für den Druckkostenzuschuss zur Veröffentlichung dieser Dissertation bedanken. Mein besonderer Dank gilt der Friedrich-Ebert-Stiftung, die mich während meiner Promotion stetig förderte.

Berlin, Juli 2016 Inès Ben Miled

Inhaltsverzeichnis

Abkürzungsverzeichnis

AEUV	Vertrag über die Arbeitsweise der Europäischen Union
AGGVG Bln	Berliner Ausführungsgesetz zum Gerichtsverfassungsgesetz
ASOG	Allgemeines Gesetz zum Schutz der öffentlichen Sicherheit und Ordnung in Berlin
AV ZustJuG	Ausführungsvorschriften über die Zuständigkeit der Jugendämter auf dem Gebiet der Kinder- und Jugendhilfe in Berlin
AZG Bln	Gesetz über die Zuständigkeiten in der Allgemeinen Berliner Verwaltung
BayVerfGH	Bayerischer Verfassungsgerichtshof
BGH	Bundesgerichtshof
BHO	Bundeshaushaltsordnung
Btm	Betäubungsmittel
BVerfG	Bundesverfassungsgericht
BVerfGE	Entscheidungen des Bundesverfassungsgerichts
BZRG	Bundeszentralregistergesetz
DRiG	Deutsches Richtergesetz
DRiZ	Deutsche Richterzeitung
DVJJ	Deutsche Vereinigung für Jugendgerichte und Jugendgerichtshilfe
EMRK	Europäische Menschenrechtskonvention
FamFG	Gesetz über das Verfahren in Familiensachen und in den Angelegenheiten der freiwilligen Gerichtsbarkeit
FPR	Familie Partnerschaft Recht
GA	Goltdammer's Archiv für Strafrecht
GG	Grundgesetz
GO Abghs	Geschäftsordnung des Abgeordnetenhauses von Berlin
GVG	Gerichtsverfassungsgesetz
HWR	Hochschule für Wirtschaft und Recht
IPBPR	Internationaler Pakt für bürgerliche und politische Rechte
JGG	Jugendgerichtsgesetz
LKA	Landeskriminalamt
MiStrA	Anordnung über Mitteilungen in Strafsachen
MschKrim	Monatsschrift für Kriminologie und Strafrechtsreform

NJW-RR	Die Neue Juristische Wochenschrift Rechtsprechungs-Report
NStZ	Die Neue Zeitschrift für Strafrecht
NZV	Neue Zeitschrift für Verkehrsrecht
OWiG	Gesetz über Ordnungswidrigkeiten
PatG	Patentgesetz
PDV	Polizeidienstvorschrift
PEBB§Y	Personalbedarfsberechnungssystem
PKS	Polizeiliche Kriminalstatistik
PPr Stab	Stab des Polizeipräsidenten (Berlin)
RiStBV	Richtlinie für das Strafverfahren und das Bußgeldverfahren
RJGG	Reichsjugendgesetz
RLJGG	Richtlinie zum Jugendgerichtsgesetz
Rn.	Randnummer
StGB	Strafgesetzbuch
StPO	Strafprozessordnung
StV	Strafverteidiger
VwGO	Verwaltungsgerichtsordnung
ZJJ	Zeitschrift für Jugendkriminalität und Jugendhilfe
ZNR	Zeitschrift für Neuere Rechtsgeschichte
ZPO	Zivilprozessordnung
ZRP	Zeitschrift für Rechtspolitik
ZStV	Zentrales Staatsanwaltschaftliches Verfahrensregister
ZStVBetrV	Verordnung über den Betrieb des Zentralen Staatsanwaltschaftlichen Verfahrensregister
ZStW	Zeitschrift für die gesamte Strafrechtswissenschaft
ZuwV	Zuweisungsverordnung

A. Einleitung

Das vereinfachte Jugendverfahren bezeichnete der BGH als ein „Zucht- und Erziehungsverfahren eigener Art“.[1] Sichtbar wird die besondere Ausgestaltung dieses Verfahrens durch § 78 III S. 1 JGG, der zum Zwecke der Vereinfachung, Beschleunigung und jugendgemäßen Gestaltung des Verfahrens Abweichungen von strafprozessualen Verfahrensvorschriften ermöglicht. 2008 lebte das bereits im Jahre 1943[2] eingeführte und nunmehr in den §§ 76 ff. JGG kodifizierte vereinfachte Jugendverfahren erneut auf, als mit dem 'Neuköllner Modell' eine besonders beschleunigte Verfahrensform vorgestellt wurde. Benannt wurde das Verfahren nach dem gleichnamigen Berliner Bezirk Neukölln, in dem das Verfahren am 1. Januar 2008 als Probelauf begann. Ein Bezirk, der nicht selten wegen seiner sozialen und regionalen Disparitäten als Beispiel par excellence angeführt wird.[3]

Das Neuköllner Modell als besonders beschleunigtes Jugendverfahren beruhte auf einer Arbeitsabsprache von Jugendrichtern[4], Vertretern der Jugendstaatsanwaltschaft, der Jugendgerichtshilfe und Ermittlungsbeamten in Berlin. Aus eigenem Antrieb, d.h. im Wege einer 'informellen Absprache', wurde nach Möglichkeiten und Lösungsansätzen gesucht, das bereits vorhandene Instrument des vereinfachten Jugendverfahrens an die praktischen Erfordernisse anzupassen. Letztlich wurde mit dem Neuköllner Modell für den Bereich der leichten bis mittleren Kriminalität ein Konzept zur unverzüglichen und konsequenten Handlungsweise von Behörden und Gerichten vorgelegt, „um einerseits die Verfestigung krimineller Lebensge-

---

1 BGH, Beschl. v. 14. November 1958 – 2 ARs 182/58, NJW 1959, 396.

2 Mit der Jugendstrafrechtsverordnung v. 6. November 1943 wurde das vereinfachte Jugendverfahren in die §§ 48 bis 50 RJGG eingeführt. Im Jahre 1953 wurde das vereinfachte Jugendverfahren in das JGG übernommen und dort in den §§ 76 ff. JGG verankert.

3 Vgl. zur Problemverdichtung im Berliner Bezirk Neukölln Giffey/ Müller, in: FPR 2011, 435 (436).

4 In der vorliegenden Arbeit wird aus Übersichtlichkeitsgründen auf eine gleichzeitige Verwendung männlicher und weiblicher Sprachformen verzichtet. Alle verwandten männlichen Bezeichnungen gelten selbstredend auch in der weiblichen Form.

wohnheiten frühzeitig zu unterbinden und andererseits gleichsam die Strafe auf dem Fuße folgen zu lassen".[5]

Bereits im Juni 2010 wird das Neuköllner Modell als eigenständige Verfahrensform in allen Berliner Polizeidirektionen statistisch erfasst.[6] Allerdings fand eine sachliche Auseinandersetzung mit dem Neuköllner Modell in der Rechtswissenschaft bislang nur bedingt statt. Unklar blieb insoweit, welche neuen Verfahrensschritte tatsächlich auf das Neuköllner Modell zurückgehen, wie dieses Verfahren im Einzelnen ausgestaltet ist und warum das Neuköllner Modell als „spezielle Form des vereinfachten Jugendverfahrens"[7] wahrgenommen wird.

Die vorliegende Arbeit untersucht das vereinfachte Jugendverfahren und das besonders beschleunigte Verfahren nach dem Neuköllner Modell und unternimmt den Versuch, Gemeinsamkeiten und Abweichungen beider Verfahrensformen aufzuzeigen. Die rechtliche Einordnung des Neuköllner Modells führt bei näherer Betrachtung zum vereinfachten Jugendverfahren gemäß §§ 76 ff. JGG. Daher werden zunächst die materiellen und prozessualen Voraussetzungen des vereinfachten Jugendverfahrens dargestellt. Insbesondere der Verfahrensablauf und die Ausprägung der gesetzlich normierten Vereinfachung und Beschleunigung werden rechtlich gewürdigt.

Das Neuköllner Modell beabsichtigt die Beschleunigung des ohnehin schon beschleunigten, vereinfachten Jugendverfahrens und bezweckt hiermit die Verbindung zweier – gesetzlich normierter – Zielrichtungen des JGG: Beschleunigung und Erziehung. In einem ersten Schritt wird in der vorliegenden Arbeit der rechtliche Ausgangspunkt des Beschleunigungsgebots erörtert, sodass in einem zweiten Schritt auf das Zusammentreffen von Erziehung und beschleunigter Verfahrensdurchführung eingegangen werden kann. Sodann soll das Neuköllner Modell aus praxisorientierter Sicht analysiert werden. Neben der Modellbeschreibung soll insbesondere der Verfahrensablauf rekonstruiert werden. Hierzu werden die Verfahrensschritte von der Aufnahme des Ermittlungsverfahrens bis zur richterlichen Entscheidung skizziert. Zum Gegenstand der Untersuchung gehört des Weiteren die Frage, welche originären Anforderungen das Neuköllner Modell an die Verfahrensbeteiligten stellt. Vertieft soll auf das dem Neuköllner Modell innewohnende Charakteristikum der konzertierten Zusammen-

5 Abgeordnetenhaus Berlin, Drucksache 16/ 14370, S. 1.
6 Vgl. Jugenddelinquenz in Berlin, Jahresbericht 2011, S. 20.
7 Abgeordnetenhaus Berlin, Drucksache 17/ 10092, S. 1.

arbeit eingegangen werden. Anzusprechen sind in diesem Zusammenhang die praktisch-organisatorischen Herausforderungen, die sich bei einer Harmonisierung von Organisations- und Zuständigkeitsbestimmungen stellen sowie die rechtlichen Anforderungen, die etwa bei der gerichtlichen Geschäftsverteilung zu beachten sind. Basierend auf der Darstellung beider Verfahrensformen soll die Frage beantwortet werden können, ob es sich bei dem Neuköllner Modell um ein *neues* Verfahren handelt.

Der nächste Arbeitsschritt widmet sich einer Weiter- bzw. Fortentwicklung des Neuköllner Modells. In diesem Zusammenhang wird die von Thomas Heilmann, Senator für Verbraucherschutz und Justiz in Berlin, in Auftrag gegebene Evaluation zur Ausweitung des Neuköllner Modells ausgewertet.[8] Untersuchungsgegenstand und -hergang werden in der vorliegenden Arbeit dargestellt. Aufbauend auf den im Rahmen der Untersuchung erzielten Schlussfolgerungen sollen Ansätze (sog. Kernbereiche) für eine verbesserte Umsetzung des besonders beschleunigten Verfahrens nach dem Neuköllner Modell erarbeitet werden. Ziel ist es, mit Hilfe der Kernbereiche auf eine konstante, effiziente und gleichmäßige Handhabung des besonders beschleunigten Verfahrens nach dem Neuköllner Modell hinzuwirken.

8 „Der Senat prüft Möglichkeiten der Ausweitung des Neuköllner Modells in der Bekämpfung der Jugendkriminalität“ Pressemitteilung v. 9. April 2013, einsehbar unter: http://www.berlin.de/rbmskzl/aktuelles/politik-aktuell/meldung.30946.php (zuletzt abgerufen am 10. März 2016).

B. Das vereinfachte Jugendverfahren

> *„Das vereinfachte Jugendverfahren ist eine nur der Jugendstrafrechtspflege eigene Verfahrensart, die gleichwertig neben dem förmlichen Jugendstrafverfahren steht, jedoch weitgehend von dessen Formvorschriften befreit, gewissermaßen ein Zucht- und Erziehungsverfahren eigener Art ist".*[9]

Der Gesetzgeber hat dem vereinfachten Jugendverfahren einen eigenen Abschnitt gewidmet. Rechtsdogmatisch lässt sich das vereinfachte Jugendverfahren (auch Antragsverfahren genannt) zwischen dem informellen Verfahren gemäß §§ 45, 47 JGG und dem förmlichen Anklageverfahren einreihen.[10] Die durchzuführende mündliche Verhandlung und der im Vergleich zum informellen Verfahren erweiterte Sanktionskatalog[11] erinnert bei näherer Betrachtung wohl eher an das förmliche Anklageverfahren. Die Bezeichnung „gleichwertig neben dem förmlichen Jugendstrafverfahren"[12] illustriert damit treffend das Verhältnis der Verfahrensformen. Die Abgrenzung zum förmlichen Anklageverfahren erfolgt anhand der §§ 76 S. 1, 77 I JGG. Abzulehnen ist das vereinfachte Jugendverfahren demnach, wenn die innewohnende Verfahrenskomplexität auf ein formelles Anklageverfahren hinweist. Vereinfacht gesagt ist hiervon auszugehen, sobald „eine umfangreiche Beweisaufnahme zu erwarten sei oder wenn die Persönlichkeitserforschung des Beschuldigten besondere Schwierigkeiten bereitet".[13] Es bedarf jedoch stets einer Einzelfallprüfung. Zwischen dem informellen Verfahren und dem vereinfachten Jugendverfahren besteht ein Stufenverhältnis.[14] Sofern beide Verfahrensformen statthaft sind, räumt der Grundsatz der Subsidiarität dem informellen Verfahren uneingeschränkt den Vorrang ein.[15]

---

9 BGH, Beschl. v. 14. November 1958 – 2 ARs 182/58, NJW 1959, 396.

10 Ostendorf, LB-JGG, S. 115 Rn. 143; Bartels, S. 215; Böttcher/ Schütrumpf, MAH Strafverteidigung, § 53 Jugendstrafverfahren Rn. 173.

11 Vgl. etwa zur Erzwingbarkeit von Auflagen und Weisungen im vereinfachten Jugendverfahren HK-JGG/ Buhr, § 76 Rn. 2.

12 BGH, Beschl. v. 14. November 1958 – 2 ARs 182/58, NJW 1959, 396.

13 Bartels, S. 216; so auch Brunner/ Dölling, § 78 Rn. 5.

14 Ostendorf, LB-JGG, S. 63 Rn. 60, 143; Meier/ Rössner/ Schöch, S. 113 Rn. 7.

15 HK-JGG/ Buhr, § 76 Rn. 15; Brunner/ Dölling, § 78 Rn. 1; Ostendorf, LB-JGG, S. 117 Rn. 145.

Das Antragsverfahren weist im Gegensatz zum förmlichen Anklageverfahren und dem informellen Verfahren mit § 78 III S. 1 JGG eine das Verfahren charakterisierende Abweichungskompetenz auf. Hiernach darf im Antragsverfahren zum Zwecke der Vereinfachung, Beschleunigung und jugendgemäßen Gestaltung des Verfahrens von allgemeinen strafprozessualen Verfahrensvorschriften abgewichen werden. Trotz der besonderen Zielrichtung dient das vereinfachte Jugendverfahren vorrangig der Wahrheitsfindung[16], daher findet die Abweichungskompetenz ihre Schranke in dem übergeordneten Ziel der Wahrheitsfindung. Weder die Vereinfachung, noch die Beschleunigung, noch die jugendgemäße Gestaltung stehen in einem Rang- oder Stufenverhältnis zur Wahrheitserforschungspflicht.

Das vereinfachte Jugendverfahren nimmt sich der leichten bis mittleren Jugendkriminalität[17] an, ohne sich an § 12 I, II StGB zu orientieren.[18] Damit kann ein Verbrechen zum Antragsgegenstand gemacht werden.[19] Grundsätzlich sperrt auch eine Mehrpersonentat den Anwendungsbereich des vereinfachten Jugendverfahrens nicht. Beschränkt wird die Durchführung des vereinfachten Jugendverfahrens – auch im Falle einer Tatbeteiligung – auf Personen, die zum Zeitpunkt der Tat Jugendliche im Sinne des § 1 II Alt. 1 JGG sind.[20]

Bei oberflächlicher Betrachtung könnte der Eindruck entstehen, dass es sich bei dem vereinfachten Jugendverfahren um ein flexibles, unkompliziertes, entformalisiertes Instrument handelt, welches rege in Anspruch genommen wird. Tatsächlich wurden in der Bundesrepublik Deutschland im Kalenderjahr 2013 insgesamt 160 858 Verfahren vor dem Jugendrichter erledigt.[21] Davon wurden 9 659 Verfahren durch Antrag auf Entscheidung

---

16 Schaffstein, in: MschrKrim 1978, 313 (317); Krumm, in: NZV 2010, 68 (69).

17 HK-JGG/ Buhr, § 76 Rn. 3; Brunner/ Dölling, § 78 Rn. 1; D/S/S- Schatz, § 76 Rn. 19; Dallinger/ Lackner, § 76 Rn. 2.

18 D/S/S- Schatz, § 76 Rn. 19.

19 D/S/S- Schatz, § 76 Rn. 23.

20 Vgl. zur Anwendung des vereinfachten Jugendverfahrens auf Heranwachsende Sleveking/ Eisenberg/ Held, in: ZRP 2005, 188 (191); Putzke, S. 99; Ostendorf, NK-JGG, § 78 Rn. 1 m.w.N.

21 Statistisches Bundesamt, Fachserie 10, Reihe 2.3, 2013 Tab. 1.2; Die Anwendungshäufigkeit lässt sich trotz Erfassung des vereinfachten Jugendverfahrens in der Justizgeschäftsstatistik nicht exakt beziffern. Beispielsweise wird lediglich die Art der Einleitung erfasst. Unklar bleibt etwa, ob die Möglichkeit der Jugendstaatsanwaltschaft den Antrag als Annex mit einer förmlichen Anklage zu verbinden, in die Erfassung mit einbezogen wird, siehe hierzu D/S/S- Schatz, § 76 Rn. 5, 7.

im vereinfachten Jugendverfahren eingeleitet. Für das Land Berlin waren es 7357 erledigte Verfahren vor dem Jugendrichter im Kalenderjahr 2013[22], von denen 1230 Verfahren durch Antrag auf Entscheidung im vereinfachten Jugendverfahren beim Jugendrichter eingeleitet wurden.[23] Einen regen Gebrauch lassen die Fallzahlen demnach nicht erkennen.

---

22 Statistisches Bundesamt, Fachserie 10, Reihe 2.3, 2013 Tab. 1.2.
23 Statistisches Bundesamt, Fachserie 10, Reihe 2.3, 2013 Tab. 2.1.

C. Materielle und prozessuale Voraussetzungen

Die materiellen und prozessualen Voraussetzungen des vereinfachten Jugendverfahrens ergeben sich aus einer Zusammenschau der §§ 76 bis 78 JGG.[24] Die Vereinfachung als namensgebendes Element findet sich in § 78 III S. 1 JGG als Verfahrensziel wieder. Legal definiert wird der Begriff hingegen nicht. Daher ist mit der Vereinfachung auch ein 'schillernder' Begriff verwendet worden, da weder zu Ausmaß noch Reichweite Position bezogen wird. Die Vereinfachung kann zum einen mit der Aussparung verschiedener Verfahrensschritte und Personen im ausschließlichen Interesse des Beschuldigten verstanden werden. Gleichwohl kann mit der Vereinfachung auch die verfahrensökonomische Effizienz gemeint sein, d.h. einen möglichst geringen personellen und sachlichen Aufwand.[25] Neben der Vereinfachung steht die Beschleunigung als charakterisierendes Verfahrenselement. Auch dieser Begriff wird nicht ausgeführt und bedarf daher einer rechtlichen Würdigung.

Wie sich die Begriffe Vereinfachung und Beschleunigung auf das Verfahren auswirken, an welcher Stelle das Verfahren seine Prägung erfährt und in welcher Intensität sich die Abweichungskompetenz im Verfahren zeigt, soll mit der nachfolgenden Darstellung aufgezeigt werden. Beginnend ab der Einleitung des Ermittlungsverfahrens bis zu den mittelbaren Rechtsfolgen einer richterlichen Entscheidung soll das vereinfachte Jugendverfahren gemäß §§ 76 ff. JGG skizziert werden.

I. Das Ermittlungsverfahren

Ermittlungen sollen in Jugendsachen gemäß § 36 JGG von dem örtlich und sachlich zuständigen Jugendstaatsanwalt geleitet werden.[26] In Berlin

24 D/S/S- Schatz, § 76 Rn. 4, 18.

25 Vgl. hierzu Schaffstein, in: MschrKrim 1978, 313 (314).

26 Meier/ Rössner/ Schöch, S. 280 Rn. 34; Dieser Grundsatz wird in Berlin durch den Probelauf zur sog. Täterorientierten Intervention durchbrochen. In Berlin wurde dieser Probelauf am 23. April 2012 in der Polizeidirektion 5 in Gang gesetzt. Durch Rückgriff auf polizeiliche Datenverarbeitungs- und Informationssysteme wurde bereits präventiv auf ein freiwilliges Gespräch mit Kindern und Jugendli-

sind derzeit ca. 36 Staatsanwälte für Jugendstrafsachen berufen.[27] Diese Zahl ist jedoch nicht abschließend, denn auch die sog. Spezialabteilungen der Berliner Staatsanwaltschaft, etwa die Abteilung für Wirtschaftskriminalität, sexuelle Gewalt, organisierte Kriminalität und Staatsschutzdelikte verhandeln Jugendstrafsachen, sofern sie kraft ihrer Spezialität zuständig sind. Daher ist die bezifferte Gesamtanzahl von 36 Jugendstaatsanwälten lediglich eine Orientierung.

Die Ermittlungstätigkeiten der Polizei in Jugendsachen sind durch gewisse Besonderheiten gekennzeichnet. Für das informelle Verfahren können die ermittelnden Polizeibeamten in Berlin auf richtungsweisende Handlungskriterien zurückgreifen. Die sog. Diversionsrichtlinie[28] benennt Handlungsmodalitäten und konkretisiert den Anwendungsbereich des informellen Verfahrens beispielsweise anhand von Fallgruppen oder eines Straftatenkataloges.[29] Einen vergleichbaren Leitfaden für das vereinfachte Jugendverfahren gibt es nicht. Auch findet das vereinfachte Jugendverfahren in der Diversionsrichtlinie keine Berücksichtigung[30], denn eine frühzeitige, originäre, das Verfahren beschränkende oder lenkende Absprache während der polizeilichen Vorgangsbearbeitung ist beim vereinfachten Jugendverfahren nach §§ 76 ff. JGG in der Regel nicht vorgesehen. Sofern die Ermittlungen abgeschlossen werden, sind diese an die Jugendstaatsanwaltschaft zu übersenden und die Jugendgerichtshilfe ist über die Ermittlungsvorgänge und -ergebnisse zu informieren[31], einen Einfluss auf die

---

chen und dessen Erziehungsberechtigten hingewirkt, bei denen sich eine gesteigerte Delinquenz abzeichnete. Der Probelauf wurde am 22. April 2014 beendet, vgl. Abschlussbericht zum Probelauf Täterorientierte Intervention in der Polizeidirektion 5 v. 14. April 2014, unveröffentlicht.

27 Stand: April 2014.

28 Gemeinsame Allgemeine Verfügung über die vermehrte Anwendung des § 45 JGG im Verfahren gegen Jugendliche und Heranwachsende (Diversionsrichtlinie) in Berlin v. 24. August 2009, ABl. Nr. 43/ S. 2249.

29 Elsner, S. 68 m.w.N.; zu den Einzelnen Diversionsrichtlinie der Bundesländer Heinemann, S. 16 f.

30 Einziger Verweis auf das vereinfachte Jugendverfahren in der Diversionsrichtlinie ABl. Nr. 43/ S. 2249: „Nicht immer ist ein förmliches Verfahren erforderlich, das heißt die Erhebung einer Anklage oder ein Antrag im vereinfachten Jugendverfahren durch die Staatsanwaltschaft. Diese bergen zum einen die Gefahr der Stigmatisierung (Brandmarkung des Jugendlichen als „Straftäter“) mit der Folge einer nachteiligen Entwicklung des Jugendlichen; zum anderen erscheinen die förmlichen Verfahren nicht immer verhältnismäßig zur begangenen Straftat“.

31 Elsner, S. 71.

sich anschließende Verfahrensform hat der Ermittlungsbeamte im vereinfachten Jugendverfahren nach §§ 76 ff. JGG nicht.

In diesem Zusammenhang ist darauf hinzuweisen, dass der Gedanke mit Hilfe einer Richtlinie die gesetzlich kodifizierten 'vereinfachten Strafverfahren'[32] in Anwendung, Durchführung und Ablauf näher zu bestimmen, bereits aufgegriffen wurde.[33] Allerdings finden diese Bestimmungen keine Anwendung, wenn sich das Ermittlungsverfahren gegen Jugendliche im Sinne des § 1 II Alt. 1 JGG richtet.[34]

Richtet sich das Ermittlungsverfahren gegen einen Jugendlichen, ist die Polizeidienstvorschrift 382 (PDV 382) zur Bearbeitung von Jugendsachen zu berücksichtigen.[35] Jugendsachen im Sinne der PDV 382 sind „polizeiliche Vorgänge, an denen Minderjährige beteiligt sind und/oder polizeiliche Ermittlungsvorgänge in Straf- und Bußgeldverfahren gegen Jugendliche und Heranwachsende“.[36] Die vorbezeichnete Dienstvorschrift geht auf eine Initiative des Bundes und der Innenminister der Länder aus dem Jahr 1996 zurück.[37] Bezweckt wurde mit der PDV 382 eine jugendadäquate Ausgestaltung des Ermittlungsverfahrens.[38] In Berlin zeigt sich dieses u.a.

---

32 Dem hier verwendeten Begriff des vereinfachten Strafverfahrens liegt keine einheitliche Definition zugrunde. Umfasst sind die Verfahrenseinstellungen nach § 153 a StPO, das Strafbefehlsverfahren nach den §§ 407 ff. StPO und das beschleunigte Verfahren nach §§ 417 ff. StPO, vgl. zur Begriffsbestimmung Fezer, in: ZStW 106 (1994), S. 1 (54).

33 Allgemeine Verfügung des Ministers der Justiz und Europaangelegenheiten in Brandenburg über die Beschleunigte Erledigung von Strafverfahren im Bereich der geringfügigen und mittleren Kriminalität v. 24. August 2000, JMBl/00 Nr. 9, S. 114, zuletzt geändert durch Verfügung v. 28. November 2002, JMBl/03 Nr. 1, S. 2; Richtlinien des Hessischen Ministeriums der Justiz und des Ministeriums des Innern und für Sport für das Vereinfachte Verfahren bei Delikten der Massen- und Kleinkriminalität v. 11. Dezember 2014, JMBl. 2015 S. 77, StAnz. 2015 S. 142; Richtlinie für für das Land Nordrhein-Westfalen für ein Vereinfachtes Verfahren zur Bearbeitung ausgewählter Delikte v. 4. März 1994, MBl. NRW. 1994 S. 442 zuletzt geändert durch RdErl. v. 14. Januar 2008 Mbl. NRW.2008 S. 46; vgl. zur Übersicht der Vereinfachten Strafverfahren Elsner S. 74, 266 m.w.N.

34 Elsner, S. 76 Tabelle 4.

35 Abgedruckt in: DVJJ 1997, 5 ff.

36 DVJJ 1997, 5, Nummer 1.1 der PDV 382.

37 DVJJ 1997, 5.

38 „Führt ein Polizeibeamter, der nicht mit der Bearbeitung von Jugendsachen [...] befaßt ist, die ersten Ermittlungen, soll er Minderjährige nur dann befragen, wenn dies notwendig ist, um unaufschiebbare fahndungs- und ermittlungsrelevante Er-

an den besonders geschulten Polizeibeamten (sog. Jugendsachbearbeiter[39]) oder etwa an den eigens eingerichteten Sachgebieten für Jugendgruppengewalt in den Raubkommissariaten der sechs Berliner Polizeidirektionen.[40] Erwähnenswert, aber für das vereinfachte Jugendverfahren unerheblich, ist das Kommissariat der Berliner Polizei für täterorientierte Ermittlungen (TOE).[41] Dieses Kommissariat konzentriert sich auf aktiv handelnde Täter (sog. Intensivtäter[42]). Im Rahmen der TOE wird der intensiv aktive Jugendliche einem festen polizeilichen Sondersachbearbeiter (SSB)

---

kenntnisse zu erlangen. […] die weiteren Ermittlungen, insbesondere die Vernehmungen, sollen durch einen Jugendsachbearbeiter erfolgen", DVJJ 1997, 5 (9), Punkt 3.2.2 PDV 382; vgl. zur Neufassung der PDV 382 Pfeiffer, in: DVJJ 1999, 188 (189).

39 Die Qualifizierung zum Jugendsachbearbeiter erfolgt in Berlin im Rahmen einer Fortbildung. In der Regel setzt sich diese aus fünf Modulen zusammen: „einem einwöchigen Basislehrgang zum Jugendsachbearbeiter sowie vier Tagesseminaren (Einlieferung/ Vorführung/ JGG, ED-Behandlung, Gefährderansprachen, Vernehmungen von Kindern und Jugendlichen)" Einrichtung einer zentralisierten Jugendsachbearbeitung im Rahmen der strategischen Ausrichtung der Direktion 2, S. 6 (unveröffentlicht).

40 Dem Begriff Jugendgruppengewalt liegt keine bundeseinheitliche Definition zugrunde. In Berlin umfasst der Begriff Straftaten nach §§ 249, 253, 255, 223, 224, 303, 240, 241 StGB die gemeinschaftlich von mindestens zwei Tätern begangen wurden oder von einem Einzeltäter der die Gruppe als Drohkulisse instrumentalisiert, vgl. Clearingstelle Jugendhilfe/ Polizei, Infoblatt Nr. 28, S. 1 f.; Kant/ Hohmeyer, in: Bürgerrechte & Polizei/CILIP 063 (Nr. 2/1999); Abgeordnetenhaus Berlin, Drucksache 17/ 13525, S. 4.

41 „Im Zentrum des Programms TOE steht die Zuordnung des Täters/der Täterin zu einem/einer festen Sachbearbeiter/in, der/die grundsätzlich alle von einem/einer intensiv agierenden Straftäter/in begangenen Straftaten bearbeiten sollte. Die Sachbearbeiter/innen verfügen über sämtliche der Polizei zugänglichen Daten und stehen dabei auch in Kontakt mit dem außerpolizeilichen Umfeld (Schule, Bewährungshilfe, Sozialarbeiter/innen usw.) der Straftäter/innen)" Clearingstelle Jugendhilfe/ Polizei, Infoblatt Nr. 56, S. 5; vgl. auch Deppe, in: Kriminalistik 1994, 123 (124).

42 Dem Begriff des Intensivtäters liegt keine allgemeingültige, d.h. fachübergreifende Definition zugrunde. Nach der Gemeinsamen Allgemeinen Verfügung zur Strafverfolgung von Intensivtäterinnen und -tätern (Intensivtäterrichtlinie) für das Land Berlin v. 26. Februar 2016, ABl. Nr. 8/ S. 422 sind Intensivtäter Täter, die verdächtigt sind

a) den Rechtsfrieden besonders störende Straftaten – insbesondere aus dem Bereich der Raub- und Rohheitsdelikte – begangen zu haben oder zugewiesen.[43] Eine weitere Besonderheit in Berlin ist die Operative Gruppe Jugendgewalt (OGJ).[44] Die OGJ sind Beamte der Schutzpolizei und ebenfalls Jugendsachbearbeiter im Sinne der PDV 382, die mit den regionalen und sozialen Disparitäten ihres Einsatzortes in besonderem Maße vertraut sind.[45]

Regelungsgegenstand der Polizeidienstvorschrift ist des Weiteren die Ermittlungsreichweite in Jugendsachen.[46] Verglichen mit dem Ermittlungsauftrag im allgemeinen Strafverfahren gehen die Ermittlungen in Jugendsachen zum Teil über die eigentliche Sachverhaltserforschung hinaus:

> *„Rechtswidrige Taten von Jugendlichen müssen grundsätzlich mit dem Ziel aufgeklärt werden, – den Zusammenhang zwischen Tat und Täterpersönlichkeit, z.B. Anlaß und Motiv der Tat, Einstellung zur Tat, Familienverhältnisse, persönliches und soziales Umfeld vor, bei und nach der Tatbegehung festzustellen, – Anhaltspunkte für den Grad ihrer sittlichen und geistigen Reife zu gewinnen, um ihrer Entwicklung entsprechend reagieren zu können“.*[47]

Ähnliches normiert § 43 I JGG. Der Umfang der Ermittlungen soll in der Regel auf die Lebens- und Familienverhältnisse, den Werdegang, das bisherige Verhalten des Beschuldigten und alle übrigen Umstände ausdehnt werden, um die Beurteilung der seelischen, geistigen und charakterlichen Eigenart zu ermöglichen. Ziel ist einerseits der Jugendschutz und andererseits die Bekämpfung der Jugendkriminalität.[48] Umfasst ist auch ein präventiver Ansatz, nämlich das frühzeitige Erkennen deliktischer Aktivitäten.[49] Insgesamt muss sich die Ermittlungstiefe aber am Grundsatz der Verhältnismäßigkeit messen lassen, sodass „tief in die Privatsphäre des Beschuldigten eindringende Ermittlungen [...] nur bei schwereren Delik-

---

b) innerhalb eines Jahres in mindestens fünf Fällen den Rechtsfrieden besonders störende Straftaten (insbesondere Raubdelikte und schwere Körperverletzungen gemäß § 226 StGB) begangen zu haben oder

c) innerhalb eines Jahres in mindestens zehn Fällen Straftaten von einigem Gewicht begangen zu haben

und bei denen die Gefahr einer sich verfestigenden kriminellen Karriere besteht.

43 Jugenddelinquenz in Berlin, Jahresbericht 2012, S. 22; Krüger/ Bräuer, in: Kompass Spezial, 9/ 2014, S. 43.

44 Clearingstelle Jugendhilfe/ Polizei, Infoblatt Nr. 28, S. 2.

45 Vgl. zum Aufgabenbereich der OGJ Krüger/ Bräuer, in: Kompass Spezial, 9/ 2014, S. 42.

46 Vgl. DVJJ 1997, 5 (9) Nummer 3.1.2 der PDV 382.

47 DVJJ 1997, 5 (9) Nummer 3.1.2 der PDV 382.

48 Deppe, in: Kriminalistik 1994, 123.

49 Deppe, in: Kriminalistik 1994, 123.

ten und nur bei sich erhärtendem Tatverdacht zulässig“[50] sind.[51] Die Ermittlungsreichweite- und -tiefe konkurriert zugleich mit dem Beschleunigungsbestreben im Jugendstrafverfahren, denn „je intensiver die Persönlichkeit des Täters erforscht wird, desto länger dauert das Strafverfahren“.[52]

II. Die Jugendstaatsanwaltschaft

Im Unterschied zu den intern – kraft Organisation und spezifischen Wissens – berufenen Staatsanwälten erhält der Jugendstaatsanwalt seine gesonderte Ausrichtung kraft Gesetzes. Gemäß § 37 JGG sollen die Jugendstaatsanwälte erzieherisch befähigt sein und in der Jugenderziehung erfahren sein.[53] Die Richtlinie Nr. 3 zu § 37 JGG erklärt Kenntnisse auf den Gebieten der Pädagogik, der Jugendpsychologie, der Jugendpsychiatrie, der Kriminologie und der Soziologie von besonderem Nutzen. Jüngst zeigt sich das Anforderungsprofil beispielsweise in der Beschlussempfehlung des Rechtsausschusses des Deutschen Bundestages zu dem Gesetzesentwurf der Bundesregierung, welcher die Stärkung der Rechte von Opfern sexuellen Missbrauchs vorsieht. Ausdrücklich werden die außerjuristischen Kompetenzen auf den Gebieten der Kriminologie, Soziologie, Pädagogik und Psychologie hervorgehoben.[54] Bemerkenswert sind auch die Änderungen der Bestimmungen zur Sitzungsvertretung durch Rechtsreferendare im Jugendstrafverfahren.[55] Mit Wirkung v. 1. Januar 2014 gestattet § 36 II S. 2 JGG Rechtsreferendaren die Wahrnehmung der Sitzungsvertretung in Verfahren vor den Jugendgerichten nur noch unter Aufsicht

---

50 Meier/ Rössner/ Schöch, S. 280 Rn. 33.

51 Putzke, S. 110; so auch Elsner, S. 66.

52 Putzke, S. 109.

53 Der Fortbildungsauftrag richtet sich an die Länder. Grundlage für das Fortbildungsangebot beispielsweise in Niedersachen ist eine Bedarfsabfrage. Ermittelt wird die tatsächliche Nachfrage anhand der Fortbildungen im vergangenen Jahr unter Beachtung tages- und gesellschaftspolitischer Ereignisse, vgl. Niedersächsischer Landtag Drucksache 15/ 4382, S. 3; zu den allgemeinen Fortbildungsmöglichkeiten und dem Teilnahmeverhalten Drews, S. 102 m.w.N.

54 Beschlussempfehlung des Rechtsausschusses (BT-Drs. 17/ 12735, S. 18) zu dem Entwurf eines Gesetzes zur Stärkung der Rechte von Opfern sexuellen Missbrauchs der Bundesregierung, BT-Drs. 17/ 3646.

55 Gesetz zur Stärkung der Rechte von Opfern sexuellen Missbrauchs (StORMG), BGBl. I S. 1807.

und im Beisein der Jugendstaatsanwaltschaft. Unberührt bleiben hingegen die Bestimmungen über die Sitzungsvertretung im allgemeinen Strafverfahren gem. § 142 III GVG. Lediglich für das Jugendstrafverfahren scheinen die Qualifikationen von Rechtsreferendaren und die der Amtsanwälte, die im Jugendstrafverfahren nicht beteiligt werden, nicht auszureichen.

Aber auch an der organisatorischen Eigenständigkeit zeigt sich die spezielle Ausrichtung der Berliner Jugendstaatsanwaltschaft. Die Jugendstaatsanwaltschaft in Berlin verfügt über eine eigene Hauptabteilung für Jugendstrafsachen.[56] In ihrer Grundstruktur hat die Jugendstaatsanwaltschaft eine Hauptabteilungsleitung für Jugendsachen und gliedert sich im weiteren Verlauf in Abteilungen. Den Abteilungen stehen wiederum sog. Abteilungsleiter – zumeist Oberstaatsanwälte – vor.

Hauptabteilungsleitung für Jugendsachen					
Abt. Leitung	Abt. Leitung	Abt. Leitung	Abt. Leitung	Abt. Leitung	Abt. Leitung
A- CK	D- G	H- L	M- P	R- U	V- Z
JStA	JStA	JStA	JStA	JStA	JStA
JStA	JStA	JStA	JStA	JStA	JStA
JStA	JStA	JStA	JStA	JStA	JStA
JStA	JStA	JStA	JStA	JStA	JStA
JStA	JStA	JStA	JStA	JStA	JStA
JStA	JStA	JStA	JStA	JStA	JStA

In den allgemeinen Jugendabteilungen der Berliner Staatsanwaltschaft erfolgt die Zuteilung der eingehenden Verfahren nach Buchstaben[57] und grundsätzlich nicht nach dem Wohnort. Die Pensen der Buchstabenzuschnitte werden jährlich überprüft und ggf. angepasst. Die – wesentliche – interne Organisation wird im Geschäftsverteilungsplan der Staatsanwaltschaft festgehalten.[58] Detaillierte Angaben erfolgen hingegen nur bedingt, da sich die Verteilung der Ermittlungsverfahren nicht mit der richterlichen

56 Vgl. Anordnung über Organisation und Dienstbetrieb der Staatsanwaltschaften und der Amtsanwaltschaft v. 28. Juni 2013, ABl. Nr. 30/ S. 1364; vgl. auch Abgeordnetenhaus Berlin, Drucksache 17/ 13138, S. 2.

57 Entscheidend ist der erstgenannte Nachname des Beschuldigten auf dem POLIKS-Vordruck.

58 Vgl. Anordnung über Organisation und Dienstbetrieb der Staatsanwaltschaften und der Amtsanwaltschaft v. 28. Juni 2013 ABl. Nr. 30/ S. 1364; siehe auch Abgeordnetenhaus Berlin, Drucksache 17/ 13138, S. 2.

Verteilung vergleichen lässt. Einen Grundsatz des gesetzlichen Staatsanwalts gibt es nicht. Sofern sich die abteilungsinterne Zuweisung nicht nach dem Buchstabenzuschnitt orientiert, erfolgt die Zuweisung manuell durch den jeweiligen Abteilungsleiter. Für die sog. aktiv handelnden Jugendlichen – die grundsätzlich nicht von dem Anwendungsbereich des Antragsverfahrens erfasst sind – greift eine personengebundene Zuständigkeit in Berlin, d.h. derselbe Jugendstaatsanwalt ist bei wiederholter Strafauffälligkeit des Delinquenten für diesen zuständig.[59] Eine weitere Durchbrechung sehen die Spezialabteilungen vor: Verfahren, die etwa Kapital- oder Sexualdelikte zum Gegenstand haben, werden nicht in den allgemeinen Jugendabteilungen verhandelt.

1. Antragstellung durch den Jugendstaatsanwalt

Grundsätzlich gewährt der Gesetzgeber der Jugendstaatsanwaltschaft mit der Verwendung einer Kann-Vorschrift ein Ermessen hinsichtlich der Frage, ob nach §§ 76 ff. JGG verfahren werden soll.[60] Die Richtlinie zum JGG (RiJGG) konkretisiert das Ermessen und sieht – sofern die Voraussetzungen vorliegen – in aller Regel einen Antrag auf Entscheidung im vereinfachten Jugendverfahren vor.[61] Die Richtlinie ist für die Jugendstaatsanwaltschaft bindend.[62] Allerdings kann und darf der Jugendstaatsanwalt das Antragsverfahren nur dann anstreben, wenn die in §§ 76 ff. JGG normierten Voraussetzungen zum Zeitpunkt seiner rechtlichen Würdigung vorliegen.[63]

59 „Im Bereich der Justiz ist kurzfristig – mit einer geplanten Umsetzung zum 1. Juli 2014 – vorgesehen, die Jugendstrafverfolgung bei der Staatsanwaltschaft Berlin neu zu organisieren. Ab dann sollen Verfahren gegen […] Intensiv- und Schwellentäter einheitlich in der Intensivtäterabteilung [...] bearbeitet werden“ Abgeordnetenhaus Berlin, Drucksache 17/ 13525, S. 5.

60 Brunner/ Dölling, § 78 Rn. 10; Schaffstein, in: MschrKrim 1978, 313 (317).

61 Vgl. Richtlinie Nr. 1 zu § 76 JGG.

62 Clearingstelle Jugendhilfe/ Polizei, Infoblatt Nr. 48, S. 2.

63 BGH, Beschl. v. 14. November 1958 – 2 ARs 182/58, NJW 1959, 396 (397).

2. Antragsgegenstand

Der Antrag auf Durchführung im vereinfachten Jugendverfahren kann schriftlich oder mündlich an das Jugendgericht herangetragen werden und räumt dem Jugendstaatsanwalt somit ein Mehr an Flexibilität ein. Als wesentlicher Bestandteil muss der Antrag nach § 76 S. 2 JGG i.V.m. § 200 StPO den Beschuldigten benennen, die Tat, die ihm zur Last gelegt wird, die Beweismittel sowie die anzuwendenden Strafvorschriften.[64] Das Antrags- und Anklageverfahren schließt sich nicht aus. Vielmehr ist der Jugendstaatsanwalt berechtigt, den Antrag – quasi als Annex – mit einer förmlichen Anklage zu verbinden oder nach Erhebung der förmlichen Anklage als Sekundärantrag nachzureichen.[65]

Entscheidet sich der Jugendstaatsanwalt für das vereinfachte Jugendverfahren, ist er nach §§ 78 III S. 2, 70 JGG grundsätzlich gehalten, die Schule, die Jugendgerichtshilfe und ggf. das Familiengericht in Kenntnis zu setzen.[66] § 70 JGG normiert allerdings keine starren unabdingbaren Anforderungen, sodass jedenfalls in der Praxis die Mitteilung an die Schule unterbleibt.[67] Grundsätzlich hat sich die Kundgabe von Informationen am Wohl des Jugendlichen zu orientieren.[68] Das Informationsinteresse der Schule ist daher stets mit dem schutzwürdigen Interesse des Jugendlichen abzuwägen. Lediglich in geeigneten Fällen[69] hat sich die Jugendstaatsanwaltschaft mitzuteilen, anderenfalls steht die Mitteilung im pflichtgemäßen Ermessen der Jugendstaatsanwaltschaft. Die Erziehungsberechtigten, bzw. die gesetzlichen Vertreter, sind dabei „vor allen Entscheidungen“[70] anzuhören.

---

64 Eisenberg, § 78 Rn. 12; Brunner/ Dölling, § 78 Rn. 8; a.A. D/S/S- Schatz, § 76 Rn. 13, wonach die Bezeichnung der Beweismittel von der Zweckmäßigkeit abhängen.

65 D/S/S- Schatz § 76 Rn. 14; Clearingstelle Jugendhilfe/ Polizei, Infoblatt Nr. 48, S. 2.

66 HK-JGG/ Trüg, § 70 Rn. 1, 3.

67 HK-JGG/ Trüg, § 70 Rn. 1; siehe auch Nr. 33 I MiStrA.

68 HK-JGG/ Trüg, § 70 Rn. 4.

69 Denkbar in Fällen, in denen Mitschüler einer möglichen Gefahr ausgesetzt sind. In Betracht kommen Btm- oder Eigentumsdelikte, vgl. HK-JGG/ Trüg, § 70 Rn. 4; Brunner/ Dölling, § 70 Rn. 5; zum gesetzlichen Spannungsverhältnis der Datenkundgabe und Datenübermittlung D/S/S- Schatz, § 70 Rn. 29 ff.

70 Meier/ Rössner/ Schöch, S. 274 Rn. 20 a.

3. Abwesenheitsoption der Jugendstaatsanwaltschaft

Der Jugendstaatsanwalt setzt mit der Antragsstellung den Auslöser für das vereinfachte Jugendverfahren, zur Teilnahme an der mündlichen Verhandlung wird er dadurch nicht verpflichtet.[71] Entgegenstehende Vorschriften wie etwa § 226 I StPO finden im vereinfachten Jugendverfahren keine Anwendung.[72] Die nicht unumstrittene[73], fakultative Teilnahme der Jugendstaatsanwaltschaft an der mündlichen Verhandlung ist eine Verfahrensbesonderheit des vereinfachten Jugendverfahrens, die etwa im beschleunigten Verfahren nach §§ 417 ff. StPO nicht vorgesehen ist.

Der Wegfall der obligatorischen Sitzungsvertretung soll dazu beitragen, die Förmlichkeiten eines Strafverfahrens zu reduzieren und der Verfahrensbeschleunigung dienen.[74] Nimmt der Jugendstaatsanwalt nicht an der mündlichen Verhandlung teil, bedarf es nach § 78 II S. 2 JGG auch nicht seiner Zustimmung zu einer etwaigen Einstellung des Verfahrens in der mündlichen Verhandlung.[75] Eine weitere Konsequenz ist die Personalunion, die im vereinfachten Jugendverfahren auftreten kann, wenn der Jugendstaatsanwalt nicht an der Sitzung teilnimmt und der Jugendrichter den Antragssatz selbst verlesen muss.

III. Der Jugendrichter im vereinfachten Jugendverfahren

Das vereinfachte Jugendverfahren ist von Anfang an auf den Jugendrichter (§ 39 JGG) beschränkt.[76] Sobald der Antrag auf Durchführung im vereinfachten Jugendverfahren eingeht, schließt sich eine zweistufige richterliche Prüfung an. Zu prüfen ist der rechtliche Vorwurf und die Geeignetheit der Verfahrensform.[77] Der Prüfungsgegenstand ergibt sich zunächst aus der Sanktionsprognose (§ 76 S. 1 JGG) und den Negativbeispielen die in

---

71 Siehe hierzu Richtlinie Nr. 2 zu § 76 JGG.

72 Ostendorf, LB-JGG, S. 118 Rn. 147.

73 Vgl. hierzu etwa Putzke, S. 96: „In einem zügig ablaufenden Verfahren bedarf es […] nicht nur einer Kontrollinstanz. Vielmehr erfordert der Beschuldigtenschutz das Vier-Augen-Prinzip. Leicht wird sonst Wesentliches übersehen".

74 Tamm, S. 60 ff.

75 Streng, S. 122 Rn. 237; so auch Putzke/ Feltes, S. 60.

76 Eisenberg, § 78 Rn. 3.

77 D/S/S- Schatz, § 76 Rn. 17, 27; so auch HK-JGG/ Buhr, § 77 Rn. 1, 3; Brunner/ Dölling, § 78 Rn. 11; Eisenberg, § 78 Rn. 14.

§ 77 I JGG angeführt werden. In Betracht zu ziehen ist das Antragsverfahren, wenn zu erwarten ist, dass ausschließlich Weisungen, Hilfe zur Erziehung im Sinne des § 12 Nr. 1 JGG oder Zuchtmittel anzuordnen sind. Abzulehnen ist das Antragsverfahren nach § 77 I JGG hingegen, wenn die Anordnung einer Hilfe zur Erziehung im Sinne des § 12 Nr. 2 JGG ergehen könnte, eine umfangreiche Beweisaufnahme erforderlich wäre oder die Verhängung einer Jugendstrafe wahrscheinlich ist (sog. Negativbeispiele). Ist die Rechtsfolge des § 27 JGG in Erwägung zu ziehen, bei der nach Schuldfeststellung die Entscheidung über die Verhängung der Jugendstrafe ausgesetzt wird, spricht dies gegen eine Durchführung im vereinfachten Jugendverfahren.[78] Neben den bezeichneten Ausschlusstatbeständen kann die Verfahrensform des Weiteren abgelehnt werden, „wenn der Zweck der Verfahrensart […] gefährdet erscheint".[79] Dies ist insbesondere dann der Fall, wenn bereits das Ermittlungsverfahren aufgrund seiner Dauer den Zweck der Verfahrensform, d.h. die beschleunigte Verfahrensdurchführung, tangieren würde. Relevanz hat in diesem Zusammenhang auch die Frage, wie häufig der Delinquent bereits strafrechtlich in Erscheinung getreten ist. Denn bei einem regen strafrechtlichen Werdegang, insbesondere bei den sog. Mehrfach- und Intensivtätern, sei nicht mehr davon auszugehen, dass der dem Verfahren innewohnende erzieherische Impuls sich entfalten könnte, das Antragsverfahren sein Ziel mithin von Anfang an verfehlen würde.[80]

Der Jugendrichter kann die Durchführung im vereinfachten Jugendverfahren wegen der o.g. Ausschlusstatbestände bis zur Verkündung des Urteils ablehnen.[81] Bewegt sich die Bewertung des zugrunde liegenden Sachverhalts innerhalb des abgesteckten (Sanktions-)Rahmens, kann die Eignung bejaht werden, sie muss hingegen nicht bejaht werden. Denn auch wenn die allgemeinen und besonderen Verfahrensvoraussetzungen kumulativ vorliegen, ist der Jugendrichter nicht gehalten, dem Antrag auf Durchführung im vereinfachten Jugendverfahren stattzugeben. Der Ju-

---

78 D/S/S- Schatz, § 76 Rn. 21; vgl. auch BayObLG, Urteil v. 29. Oktober 1970 – RReg. 8 St 134/70.

79 Putzke, S. 107; vgl. auch D/S/S- Schatz, § 76 Rn. 20 „§ 77 Abs. 1 S. 1 [JGG] nennt nicht abschließend gemeinte Beispiele […]".

80 Vgl. zum 'zügigen' Verfahren bei Mehrfach- und Intensivtäter Khostevan, S. 19 ff.

81 D/S/S- Schatz, § 76 Rn. 27 wonach „die besonderen Voraussetzungen in jeder Lage des Verfahrens zu prüfen sind"; BGH, Beschl. v. 14. November 1958 – 2 ARs 182/58, NJW 1959, 396.

gendrichter ist in dieser Verfahrenssituation weitestgehend freigestellt und kann dem Antragsverfahren zustimmen, das Antragsverfahren insgesamt ablehnen oder auf die Einstellung des Verfahrens hinwirken, vgl. § 47 JGG. Eine Verfahrensabgabe nach § 42 III JGG ist dem Jugendrichter im vereinfachten Jugendverfahren hingegen nicht möglich.[82]

1. Der Jugendrichter stimmt dem Antragsverfahren zu

Da es im vereinfachten Jugendverfahren an einem Zwischenverfahren – Mitteilung der Anklageschrift und Einräumung der Erklärungsfrist gem. § 201 ff. StPO – fehlt[83], kommt das Element der Beschleunigung an dieser Stelle besonders zur Geltung. Ein zusätzlicher 'Katalysator' ist ferner der Wegfall der einwöchigen Ladungsfrist gemäß § 217 StPO.[84]

Stehen dem Antragsverfahren keine Hindernisse[85] entgegen und wird die Eignung positiv festgestellt, schließt sich die Terminierung der mündlichen Verhandlung an. Ein förmlicher Beschluss über die Antragszustimmung ergeht nicht.[86] Allerdings wird, sofern im Antragsverfahren verfahren werden soll, die Mitteilungspflicht aus §§ 78 III, 70 JGG ausgelöst.[87] Über das Anberaumen der mündlichen Verhandlung hat sich der Jugendrichter daher mitzuteilen. Zunächst ist der zuständige Jugendstaatsanwalt hiervon in Kenntnis zu setzen[88] obgleich ihm dadurch keine Pflicht zur weiteren Teilnahme erwächst.[89] Freilich sind auch der Angeschuldigte (§ 2 II JGG i.V.m. § 201 StPO) und seine gesetzlichen Vertreter (§§ 67 Nr. 2, 2 II JGG i.V.m. § 201 StPO) über die Anberaumung der mündlichen Verhandlung zu informieren. § 70 JGG legt es in geeigneten Fällen dem Jugendrichter auf, das Familiengericht und/oder die Schule von der Einleitung des Verfahrens zu unterrichten. Die Jugendgerichtshilfe ist nach

---

82 Eisenberg, § 78 Rn. 19; so auch D/S/S- Schatz, § 77 Rn. 5.
83 HK-JGG/ Buhr, § 77 Rn. 1; Brunner/ Dölling, § 78 Rn. 18.
84 HK-JGG/ Buhr, § 78 Rn. 4.
85 „Das Gericht hat auch in den Fällen, in denen […] auf ein Zwischenverfahren verzichtet wird […], zu prüfen, ob die Prozessvoraussetzungen sowie hinreichender Tatverdacht vorliegen und ob Verfahrenshindernisse fehlen“ Eisenberg, StPO, Rn. 745 b.
86 D/S/S- Schatz, § 76 Rn. 17.
87 Eisenberg, § 78 Rn. 26; Bartels, S. 215.
88 Eisenberg, § 78 Rn. 25 f.
89 D/S/S- Schatz, § 78 Rn. 2.

§§ 38 Abs. 2 S. 1, 50 III, 78 III S. 2, 70 JGG ebenfalls zu unterrichten. Sofern der Angeschuldigte einen Verteidiger hat, ist auch dieser zu informieren.[90]

In der Regel wird im vereinfachten Jugendverfahren wegen der Geringfügigkeit des Strafvorwurfs von Amtswegen kein Strafverteidiger bestellt.[91] Gegen eine grundsätzliche Verteidigerbestellung sprechen auch das Wesen und nicht zuletzt die Verfahrensziele des vereinfachten Jugendverfahrens. Denn das vereinfachte Jugendverfahren bezweckt eine Freisetzung von Erziehungsimpulsen durch Kommunikation. Durch eine alsbaldige physische und verbale Konfrontation des Jugendlichen mit dem Tatgeschehen soll auf eine künftige straffreie Lebensform hingewirkt werden. Im günstigsten Fall sollte jene Konfrontation in ein mahnendes, eindringliches Gespräch über die Beweggründe und das Verhältnis zur Tat münden. Der bezweckte Austausch eröffnet dem Jugendrichter ein Mehr an Hintergrundinformationen, beispielsweise über die persönlichen und schulischen Verhältnisse des Delinquenten und versetzt ihn damit in die Lage, die Verfehlung besser nachvollziehen zu können.[92] Ebenjener Diskurs könnte durch eine obligatorische Verteidigerbestellung im vereinfachten Jugendverfahren erschwert werden, sofern der Verteidiger von Anfang an als Sprachrohr des Jugendlichen fungiert und einen Dialog aus verhandlungstaktischen Erwägungen letztlich nur über seine Person ermöglicht. Unzweifelhaft kann daher ein Spannungsverhältnis zwischen den Zielen einer effektiven Strafverteidigung und den Verfahrenszielen des vereinfachten Jugendverfahrens entstehen.[93]

---

90 HK-JGG/ Buhr, § 78 Rn. 2.

91 Reisenhofer, Jugendstrafrecht in der anwaltlichen Praxis, S. 153 Rn. 263; Zieger, Verteidigung in Jugendstrafsachen, S. 218 Rn. 221; kritisch hierzu Mertens, S. 119.

92 „Je mehr es dem Jugendlichen gelingt, Gefühle und seine Betroffenheit deutlich zu machen und sich als jemand darzustellen, der für eine erzieherische Beeinflussung offen ist, umso eher wird man damit rechnen können, daß der Jugendrichter in der Reaktion zu helfenden, pädagogisch orientierten Maßnahmen greifen wird. Wenn der Jugendliche dagegen insbesondere zu subjektiven Tatbestandsmerkmalen, zu seinen weiteren Absichten und seiner inneren Verarbeitung des gesamten Vorgangs wenig beitragen kann, erhöht sich die Gefahr, daß der Richter ihn nicht versteht, ihn infolgedessen für verstockt und gefährlich hält und zu harten, stigmatisierenden Maßnahmen greift“ Pfeiffer, S. 25.

93 Vgl. zu den Einschränkungen die die Strafverteidigung durch den Erziehungsgedanken erfahren kann Eisenberg, § 68 Rn. 9, 20 ff.

Anders ist gewiss die Sachlage bei einem Verbrechensvorwurf im Sinne des § 12 I StGB zu beurteilen. Denn gerade weil im vereinfachten Jugendverfahren auch Verbrechen zum Antragsgegenstand gemacht werden können[94], darf es keine Frage des Zufalls sein, ob dem Angeschuldigten ein Strafverteidiger zu bestellen ist.[95] Bei einem Verbrechensvorwurf normiert § 68 Nr. 1 JGG i.V.m. § 140 Abs. 1 Nr. 2 StPO einen Fall der notwendigen Verteidigung. Gemäß Art. 6 Abs. 3 lit. c EMRK i.V.m. Art. 1, 2, 20 GG darf auch im vereinfachten Jugendverfahren nichts Anderes gelten.[96]

2. Der Jugendrichter lehnt den Antrag ab

Kommt der Jugendrichter nach rechtlicher Würdigung zu dem Ergebnis, der vorgelegte Antragsgegenstand eigne sich nicht für das vereinfachte Jugendverfahren, hat er den Antrag abzulehnen.[97] Die Ablehnung der Entscheidung im vereinfachten Jugendverfahren erfolgte in der Bundesrepublik Deutschland im Kalenderjahr 2013 insgesamt in 228 Fällen, in Berlin waren es 78 Antragsablehnungen.[98] Die Ablehnung bezieht sich nur auf die beantragte Verfahrensform. Aussagen über die strafrechtliche Relevanz des Sachverhalts oder ob dem vorgelegten Sachverhalt – etwa aus Zweckmäßigkeitserwägungen – mit einer Einstellung besser geholfen wäre, trifft die Ablehnungsentscheidung nicht. Der Jugendrichter ist gehalten, kundzutun, ob die Ablehnung aus „tatsächlichen oder rechtlichen Gründen erfolgt".[99] Den Charakter einer allgemeinen Begründungspflicht nimmt dies aber nicht an.[100] Die Ablehnung des Antrags ist dem Jugendrichter bis zur Verkündung des erstinstanzlichen Urteils gestattet, denn bis zur

94 Hierzu D/S/S- Schatz, § 76 Rn. 23; Tamm, S. 63; Ostendorf, NK-JGG, § 68 Rn. 2.

95 Umfassend Tamm S. 63 ff.

96 Vgl. Streng, S. 123 Rn. 238; Zieger, Verteidigung in Strafsachen, S. 218 Rn. 221.

97 Grundsätzlich anders soll hingegen der Vorgang bewertet werden, wenn aus Sicht des Jugendrichters die Voraussetzungen für das informelle Verfahren und das Antragsverfahren nach §§ 76 ff. JGG nebeneinander vorliegen, beide Instrumente somit um den Verfahrensgegenstand konkurrieren. Nach Eisenberg ist eine Antragsablehnung gemäß § 77 I JGG in diesen Fällen nicht zulässig. Dem Jugendrichter steht es aber zu, nach Einreichung des Antrags gemäß § 47 I JGG zu verfahren, vgl. Eisenberg, § 78 Rn. 18.

98 Statistisches Bundesamt, Fachserie 10, Reihe 2.3, 2013 Tab. 2.2.

99 D/S/S- Schatz, § 77 Rn. 6.

100 Clearingstelle Jugendhilfe/ Polizei, Infoblatt Nr. 48, S. 2.

Verkündung des Urteils kann der Jugendrichter dazu veranlasst werden, das Verfahren in der beantragten Form abzulehnen.[101] So könnten die anfangs vorliegenden Voraussetzungen nachträglich weggefallen sein oder aber dem informellen Verfahren wird der Vorrang gewährt, weil sich eine jugendgerechte Interpretation des Tatvorwurfs[102] anbietet.

Wird das Antragsverfahren durch den Jugendrichter abgelehnt und ändert sich die Beweis- und Rechtslage nicht, kann der Jugendstaatsanwalt keinen erneuten Antrag auf Durchführung im vereinfachten Jugendverfahren stellen.[103] Der Ablehnungsbeschluss ist unanfechtbar.[104] Ein erneutes Einbringen des Sachverhalts ist denkbar, wenn neue rechtliche Erkenntnisse oder Beweise angeführt werden. Mit der Ablehnung endet die Rechtshängigkeit des Verfahrens, der Vorgang wird in den Stand des Vorverfahrens (zurück-)versetzt.[105] Damit erhält die Jugendstaatsanwaltschaft ihre umfassende Handlungsmöglichkeit zurück, die sie berechtigt, sowohl das förmliche Anklageverfahren als auch die Einstellung des Verfahrens zu veranlassen.[106]

3. Einstellung des Verfahrens

Eine Verfahrenseinstellung ist sowohl nach §§ 45, 47 JGG als auch nach den §§ 153 ff. StPO möglich.[107] Die Einstellung nach § 47 JGG steht teilweise unter einem Zustimmungsvorbehalt der Jugendstaatsanwaltschaft. Ob die Zustimmung im Einzelnen erforderlich ist, hängt davon ab, wann die Einstellung durch den Jugendrichter angestrebt wird und ob die Jugendstaatsanwaltschaft am Verfahren teilnimmt. Die Zustimmung des Jugendstaatsanwalts ist stets erforderlich, wenn der Jugendrichter das Ver-

---

101 Eisenberg, § 78 Rn. 15.

102 Zur jugendgerechten Interpretation von Straftatbeständen Eisenberg, in: DRiZ 2006, 120.

103 Eisenberg, § 78 Rn. 17; siehe zum Strafklageverbrauch gem. § 211 StPO analog Tamm, S. 39.

104 Brunner/ Dölling, § 78 Rn. 15.

105 Roestel, in: NJW 1966, 1952 f.; D/S/S- Schatz, § 76 Rn. 27.

106 Brunner/ Dölling, § 78 Rn. 15; D/S/S- Schatz, § 77 Rn. 7; a.A. Putzke, S. 94 wonach § 77 II JGG eine fakultative Entscheidung der Jugendstaatsanwaltschaft ausschließt.

107 D/S/S- Schatz, § 78 Rn. 3; Tamm, S. 46 m.w.N.

fahren vor Eröffnung der mündlichen Verhandlung einstellen will.[108] Begehrt der Jugendrichter die Einstellung erst im Verlauf der mündlichen Verhandlung, ist die Zustimmung des Jugendstaatsanwalts gemäß § 78 Abs. 2 JGG i.V.m. Richtlinie Nr. 2 zu § 47 JGG jedenfalls nur dann einzuholen, wenn dieser an der mündlichen Verhandlung teilnimmt. Bleibt der Jugendstaatsanwalt der mündlichen Verhandlung fern, führt dies zu einer Form der Verwirkung.[109] Dies ist mit Blick auf § 47 I S. 4 JGG nicht unerheblich, denn der Einstellungsbeschluss ist für alle Verfahrensbeteiligte nicht justiziabel.

4. Rücknahme des Antrags

Im Kalenderjahr 2013 hat die Jugendstaatsanwaltschaft insgesamt in 361 Fällen von ihrem Rücknahmerecht Gebrauch gemacht, in Berlin waren es 20 vereinfachte Jugendverfahren, die durch Antragsrücknahme beendet wurden.[110] Ob ein eingereichter Antrag auch noch im Laufe des Verfahrens zurück genommen werden kann, ergibt sich nicht unmittelbar aus den §§ 76 ff. JGG.[111] Für das allgemeine Strafverfahren findet sich § 156 StPO, der die Rücknahme der Anklage nach Eröffnung der Hauptverhandlung für unzulässig erklärt. Da es beim vereinfachten Jugendverfahren an einem Eröffnungsbeschluss[112] und einer Hauptverhandlung[113] in der gesetzlich vorgesehenen Form der §§ 226 I, 243 StPO fehlt, geht eine entsprechende Anwendung des § 156 StPO fehl.[114] Mit Blick auf das Strafbefehlsverfahren nach §§ 407 ff. StPO kann – sofern der Angeklagte einen Einspruch einlegt – die Rücknahme des Antrags nach § 411 III S. 1 StPO bis zum Beginn der Urteilsverkündung erfolgen.[115] Im beschleunigten Verfahren nach §§ 417 ff. StPO wird die Rücknehmbarkeit des Antrags bis zum Beginn der gerichtlichen Vernehmung des Angeklagten zur Sache an-

108 D/S/S- Schatz, § 78 Rn. 3; Dallinger/ Lackner, § 78 Rn. 18.
109 Clearingstelle Jugendhilfe/ Polizei, Infoblatt Nr. 48, S. 4.
110 Statistisches Bundesamt, Fachserie 10, Reihe 2.3, 2013 Tab. 2.2.
111 Umfassend Tamm, S. 34 ff.
112 D/S/S- Schatz, § 77 Rn. 6; BGH Beschl. v. 31. Januar 1961 – 2 ARs 1/61, BGH NJW 1961, 789.
113 Brunner/ Dölling, § 78 Rn. 18; Eisenberg, § 78 Rn. 21.
114 Vgl. zur parallelen Rechtslage beim Beschleunigten Verfahren gemäß §§ 417 ff. StPO Schröer, S. 107.
115 Vgl. hierzu Vivell, S. 81.

genommen.[116] Mithin stellt sich die Frage, ob diese Rücknahmefristen auf das vereinfachte Jugendverfahren übertragen werden können.

Für eine Übertragbarkeit spricht zunächst einmal der Verwandtschaftsgrad der Verfahrensformen. Mit den o.g. Verfahren hat der Gesetzgeber Instrumente für den Bereich der leichten bis mittleren Kriminalität geschaffen, die in Abgrenzung zum allgemeinen (Jugend-)Strafverfahren Bestimmungen für eine beschleunigte Verfahrensdurchführung normieren.[117] Gegen einen generellen Rückgriff könnte bei näherer Betrachtung hingegen das Wesen des vereinfachten Jugendverfahrens sprechen. Die Jugendstaatsanwaltschaft steigt durch das verlängerte Rücknahmerecht zu einer zentralen Verfahrensfigur auf[118], die ihr an und für sich nicht zugedacht ist. Noch bis zur Verkündung der richterlichen Entscheidung wäre die Jugendstaatsanwaltschaft in der Lage eigenmächtig, d.h. ohne Zustimmung oder Beteiligung des Jugendrichters, die Antragsrücknahme zu veranlassen, das vereinfachte Jugendverfahren zu beenden und ggf. auf eine andere Verfahrensform hinzuwirken. Praktische Relevanz erhält das verlängerte Rücknahmerecht insbesondere dann, wenn die Beurteilung der Sachlage zwischen der Jugendstaatsanwaltschaft und dem Gericht divergiert. Der Jugendstaatsanwaltschaft würde durch das verlängerte Rücknahmerecht das entscheidende Gewicht zukommen. Die unmittelbare Übertragung käme folglich einer Kompetenzverschiebung gleich, die der Jugendstaatsanwaltschaft eine weitreichende Einflussnahme eröffnen würde. Dies wiederum widerspricht einer jugendadäquaten Verfahrensgestaltung.[119] Gegen eine Orientierung an den Rücknahmefristen des Strafbefehlsverfahrens und dem beschleunigten Verfahren spricht auch die Tatsache, dass beide Verfahrensformen gegenüber Jugendlichen im Sinne des § 1 II 1. Alt JGG keine Anwendung finden.

---

116 Schröer, S. 108; Meyer-Goßner/ Schmitt § 417 Rn. 13 wonach die Rücknahme des Antrags im Beschleunigten Verfahren bis zum Beginn der Vernehmung des Angeklagten möglich ist; a.A. Putzke, S. 97 die Rücknahme des Antrags sei bis zur Verkündung des Urteils zulässig.

117 Vgl. zur funktionellen Ähnlichkeit D/S/S- Schatz, § 76 Rn. 2; Haack, S. 109; vgl. zu den Gemeinsamkeiten des Beschleunigten Verfahrens und des Strafbefehlsverfahrens Gössel, in: Löwe-Rosenberg, Band 8, v. § 407 Rn. 11.

118 Vgl. zur staatsanwaltlichen Stellung im Beschleunigten Verfahren nach §§ 417 ff. StPO Putzke, S. 98.

119 D/S/S- Schatz, § 76 Rn. 15; so auch Tamm S. 38 „es würde der strikten Täterorientierung im Jugendstrafrecht zuwider laufen".

Gleichwohl sollte die Möglichkeit der Antragsrücknahme nicht generell ausgeschlossen werden. Denn die Jugendstaatsanwaltschaft sollte gerade wegen der gesetzlich beabsichtigten jugendgemäßen Verfahrensgestaltung handlungsfähig bleiben, d.h. bei Bedarf flexibel und in angemessener Weise agieren können. Damit kann zwar nicht gemeint sein, der Jugendstaatsanwaltschaft bis zur Urteilsverkündung eine 'Umkehroption' einzuräumen. Sinnvoll erscheint es vielmehr, das Rücknahmerecht auf das Moment der Rechtshängigkeit, einem angemessenen Äquivalent des § 156 StPO, zu beschränken. Im vereinfachten Jugendverfahren ist dieses Ereignis die Terminierung, die die Verfahrensherrschaft auf das Jugendgericht verlagert.[120] Konsequent ist es nur, das einseitige Interventionsrecht der Jugendstaatsanwaltschaft auf diesen Moment zu beschränken und nach der Terminierung von einer Rücknahmesperre auszugehen.[121]

5. Die mündliche Verhandlung

In dieser Verfahrenssituation kommt der jugendgemäßen Verfahrensgestaltung besondere Bedeutung zu, denn der Delinquent trifft hier erstmals auf den Jugendrichter. Der Begriff der jugendgemäßen Verfahrensgestaltung ist kein starrer Begriff, vielmehr steht dieser im Verhältnis zum herrschenden Zeitgeist: „Noch in den 50er Jahren ging der Trend dahin, gerade schon einer eindrucksvollen, durch die traditionellen Ritualien bestimmten Verhandlungsführung des Richters eine wichtige Erziehungsfunktion zuzuerkennen“.[122] In Anlehnung an den heutigen Zeitgeist sieht das vereinfachte Jugendverfahren flache Hierarchien vor und bezweckt die Freisetzung eines erzieherischen Impulses durch eine vereinfachte, jugendgemäße Kommunikation. Als progressives Instrument lässt sich das vereinfachte Jugendverfahren daher einordnen, denn es unternimmt den Versuch, das formelle Verfahren aus der stark anklagenden und einschüchternden Verkleidung zu entwirren, ohne die Ernsthaftigkeit des Verfahrens zu schmälern. Dies zeigt sich nicht zuletzt an der Loslösung von starren Ver-

---

120 a.A. Tamm, S. 38 f., wonach die Verfahrensherrschaft erst mit Vernehmung des Jugendlichen übergeht.

121 Putzke, S. 97; Ostendorf, NK-JGG, §§ 76 bis 78 Rn. 3; a.A. Eisenberg, § 78 Rn. 13 „Der Antrag kann bis zum Beginn der Vernehmung des Angeklagten zur Sache zurückgenommen werden“.

122 Schaffstein, in: Mschrkrim 1978, 313 (315).

fahrensetiketten wie etwa dem „Abbau der strengen und ritualisierten Verfahrensformen, Auflockerung der Verhandlung in Richtung einer freien, nicht durch Einschüchterung, Hemmung und Sprachbarrieren beeinträchtigten Kommunikation [...]".[123]

Zum Zwecke der jugendgerechten Verfahrensgestaltung wird daher in der Regel von der in § 243 StPO vorgesehenen Verfahrensform abgewichen.[124] Die Ausgestaltung der mündlichen Verhandlung steht weitestgehend[125] im Ermessen des Jugendrichters.[126] Demzufolge kann die mündliche Verhandlung in legerer Alltagskleidung, d.h. ohne Richterrobe[127] und entgegen Nr. 124 I RiStBV im Richterzimmer[128] durchgeführt werden. Auch steht es dem Jugendrichter frei, entgegen § 243 III S. 1 StPO und trotz Anwesenheit des Jugendstaatsanwalts, den Antragsgegenstand nicht verlesen zu lassen, sondern im Sinne einer jugendgemäßen Verfahrensgestaltung die 'Drohkulisse' zu reduzieren und den Antragsgegenstand selbst vorzutragen.[129] Ebenso kann in der mündlichen Verhandlung die Gerichtssprache und die Verkündung der richterlichen Entscheidung den Bedürfnissen des Jugendlichen angepasst werden.[130]

a. Sitzungsprotokoll

Der Jugendrichter kann im Rahmen des vereinfachten Verfahrens zu dem Ergebnis kommen, dass die Anwesenheit mehrerer Personen einer jugendgemäßen Verfahrensgestaltung 'im Wege' steht. In Anlehnung an § 226 II StPO, der es dem Richter zugesteht, in der Hauptverhandlung von der Hinzuziehung eines Urkundsbeamten abzusehen, ist es auch dem Jugendrichter gestattet, in der mündlichen Verhandlung auf den Protokollführer zu verzichten.[131] Allerdings entfällt die Protokollpflicht damit nicht, sie

---

123 Schaffstein, in: MschrKrim 1978, 313 (315).
124 Brunner/ Dölling, § 78 Rn. 20; Schaffstein, in: MschrKrim 1978, 313 (319).
125 Gewiss finden sich im vereinfachten Jugendverfahren auch unabdingbare Verfahrensgrundsätze, die nicht zur Disposition stehen, vgl. etwa zum Prinzip der Nichtöffentlichkeit gemäß § 48 I JGG HK-JGG/ Buhr, § 78 Rn. 8.
126 Schaffstein, in: MschrKrim 1978, 313 (320).
127 Ostendorf, NK-JGG, §§ 76 bis 78 Rn. 17.
128 Ostendorf, NK-JGG, §§ 76 bis 78 Rn. 17.
129 Vgl. D/S/S- Schatz, § 78 Rn. 16.
130 Ostendorf, LB-JGG, S. 118 Rn. 147.
131 D/S/S- Schatz, § 78 Rn. 16.

obliegt dem Jugendrichter. Bei dem Sitzungsprotokoll handelt es sich zumeist um ein vorgefertigtes Formular, das primär der Rechtssicherheit[132] dient und die Inhalte der mündlichen Verhandlung schriftlich festhält.[133]

b. Das Beweisantragsrecht

Die Vorschriften zur Beweisaufnahme dienen primär der Wahrheitsfindung im Strafverfahren und dem Recht auf ein faires, rechtsstaatliches Strafverfahren.[134] Angesichts des hohen Schutzgutes reglementiert die StPO die Beweisablehnung, normiert mit § 244 III die Fälle, in denen eine Ablehnung in Betracht gezogen werden kann und „bekennt sich zu dem Grundsatz, daß Beweisanträge der Parteien grundsätzlich unbeschränkbar sind".[135] Mit § 78 III S. 1 JGG scheint der Gesetzgeber eine Öffnungsklausel normiert zu haben, die im Rahmen des Beweisantragsrechts zu einem Mehr an Entscheidungsfreiheit führt.[136]

Zum Teil wird dem Jugendrichter zugunsten einer Verfahrensvereinfachung eine Abweichung von Verfahrensvorgaben des Beweisrechts zugestanden.[137] Hiernach könne der Jugendrichter eine Ablehnung veranlassen, wenn der zu erhebende Beweis keinen Beitrag zur Wahrheitserforschung leiste und das Gericht bereits überzeugt ist.[138] Von einer richterlichen Überzeugung ist nach überwiegender Auffassung auszugehen, wenn „eine bestimmte, aus dem Inbegriff der Verhandlung erwachsene innere Stellungnahme des Richters zum Gegenstand der Untersuchung [vorliegt], die nicht nur v[om] logischen Verstand getragen, sondern auch v[om] Gefühl

---

132 Siehe zu den Hauptfunktionen des Hauptverhandlungsprotokolls Reichling, S. 44 ff.

133 Siehe HK-JGG/ Buhr, § 78 Rn. 21 mit einem Protokollbeispiel.

134 BVerfG, Beschl. v. 12. Januar 1983 – 2 BvR 864/81, NJW 1983, 1043 (1045); vgl. zum Beweisantragsrecht als verfassungsrechtliches garantiertes Institut Jeney, S. 133.

135 Dallinger/ Lackner, § 78 Rn. 15.

136 BayObLGSt, Urteil v. 29. Oktober 1970 – RReg. 8 St 134/70 „Gemäß § 78 Abs. 3 JGG darf namentlich zur Vereinfachung und Beschleunigung des Verfahrens von Vorschriften des förmlichen Jugendstrafverfahrens abgewichen werden, so z.B. hinsichtlich der Unmittelbarkeit der Beweisaufnahme oder bei der Ablehnung von Beweisanträgen".

137 Dallinger/ Lackner, § 78 Rn. 15; BayObLG, Urteil v. 29. Oktober 1970 – RReg. 8 St 134/70.

138 Dallinger/ Lackner, § 78 Rn. 15.

beeinflusst ist; sie ist die subj[ektive] Gewissheit des Richters v[on] der objektiven Wahrheit“.[139] Folglich ist die Abweichungsoption keinesfalls leichtfertig eröffnet, denn die subjektive Überzeugung des Richters muss sich auf eine hohe objektive Wahrscheinlichkeit zurückführen lassen.[140] Trotz der hohen Hürden polarisiert die Abweichungskompetenz insbesondere dann, wenn „außer dem Jugendrichter kein Rechtskundiger an der Verhandlung teilnimmt“.[141] Denn die überlegene Verfahrensstellung des Jugendrichters sei in der mündlichen Verhandlung ohnehin gegeben und verstärke sich durch eine zusätzliche Abweichungskompetenz im Beweisrecht. Gegen eine Reduktion der §§ 244, 245 StPO im Lichte der Vereinfachung und Beschleunigung spreche überdies die fehlende Rechtskunde des Jugendlichen und das Erfordernis der allgemeinen Rechtssicherheit im (Jugend-)Strafverfahren.[142]

Dem ist insoweit zuzustimmen, als dass sich der Jugendliche im Rahmen der mündlichen Verhandlung tatsächlich in die 'rechtliche Obhut' des Jugendrichters begibt, sodass „stets eine vorsichtige Prüfung nötig sei“.[143] Gleichwohl ist an dieser Stelle auf Schaffstein hinzuweisen, der zu dem Ergebnis kommt, es „dürfen [...] nicht zu hohe Anforderungen gestellt werden, wenn der Beschleunigungs- und Vereinfachungseffekt des § 78 JGG nicht ganz verlorengehen soll“.[144] Im Rahmen des Beschleunigten Verfahrens nach §§ 417 ff. StPO bei Heranwachsenden und Erwachsenen kann das Gericht die Beweisanträge ohne entsprechende Ablehnungsgründe zurückweisen,[145] „wenn der Sachverhalt nach Überzeugung des Gerichts ausreichend geklärt ist und eine weitere Beweiserhebung hieran

139 HK-GS/ Brehmeier-Metz, § 261 StPO Rn. 2; vgl. auch Meyer-Goßner/ Schmitt, § 261 Rn. 2; Velten, in: SK-StPO, Band V, § 261 Rn. 6.

140 Velten, in: SK-StPO, Band V, § 261 Rn. 6.

141 Ostendorf, NK-JGG, §§ 76 bis 78 Rn. 15.

142 Vgl. hierzu Ostendorf, NK-JGG, §§ 76 bis 78 Rn. 15; Tamm, S. 72; HK-JGG/ Buhr, § 78 Rn. 10; Eisenberg, § 78 Rn. 23 f.; Mertens, S. 119; Böttcher/ Schütrumpf, MAH Strafverteidigung, Rn. 174 „Der Verteidiger sollte [...] auf die Einhaltung der förmlichen Verfahrensvorschriften drängen, wenn die Unmittelbarkeit der Beweisaufnahme nicht beachtet oder das Beweisantragsrecht beschränkt wird“.

143 Dallinger/ Lackner, § 78 Rn. 15.

144 Schaffstein, in: MschrKrim 1978, 313 (319).

145 OLG Köln, Beschl. v. 4. April 2000 – Ss 76/00, StV 2001, 343; HK-GS/ Weiler, § 420 StPO Rn. 7; D/S/S- Schatz, § 78 Rn. 11; vgl. zur Vereinfachung der Beweisaufnahme gem. § 420 StPO Schlüchter/ Fülber/ Putzke, S. 35 f.

nichts mehr ändern"[146] würde. Ähnlich verhält es sich im Bußgeldverfahren nach §§ 77, 77 a OWiG.[147] Hier wirkt sich die Vereinfachung insbesondere auf den „Umfang der Aufklärung, das Beweisantragsrecht, die unmittelbare persönliche Vernehmung und die Urkundenverlesung"[148] aus. Nach § 77 I S. 2 OWiG kann das Gericht „seinen Beweiserhebungsaufwand ins Verhältnis zur Bedeutung der Sache stellen".[149] Mit der Schaffung des § 78 III S. 1 JGG und der Normierung der Abweichungskompetenz konstruiert der Gesetzgeber mithin eine vergleichbare Rechtslage, die eine einheitliche Rechtsanwendung zur Folge haben sollte. Einen anderen Maßstab an das Antragsverfahren anzulegen, den Jugendrichter mithin an den Hürden des § 244 III StPO messen zu wollen, oder ihn mit einer generellen Verwertungspflicht aller präsenten Beweismittel zu belegen, wäre mit Blick auf die vorbezeichneten verwandten Verfahrensformen widersprüchlich und im Ergebnis abzulehnen. Den §§ 244, 245 StPO kommt im Antragsverfahren eine ohnehin eingeschränkte Bedeutung zu, „weil es sich [...] in der Regel um geständige Angeklagte handelt und allenfalls die Begleitumstände der Tat, die Motive und die Persönlichkeit des Täters einer zusätzlichen Aufklärung bedürfen".[150] Andernfalls eigne sich das vereinfachte Jugendverfahren von Anfang an nicht.

c. Verfahrensergebnis: Einstellung

Wirkt der Jugendrichter auf eine Einstellung nach § 47 Nr. 1 bis Nr. 4 JGG hin, bedeutet dies nicht, dass die individuelle Vorwerfbarkeit des Jugendlichen zu verneinen ist. Vielmehr wird in diesem Falle eine Einstellung als ausreichende Reaktion empfunden. Ausreichend, weil das Erziehungsziel auch mit Hilfe eines milderen Mittels, d.h. mit weniger Eingriffsqualität, erreicht werden kann.[151]

---

146 D/S/S- Schatz, § 78 Rn. 11; so auch Putzke, S. 100.

147 Zur Vereinfachung im Ordnungswidrigkeitenrecht Mitsch, Recht der Ordnungswidrigkeiten, § 14 Rn. 6; OLG Köln, Beschl. v. 20. Dezember 1988 – Ss 656/88.

148 Mitsch, Recht der Ordnungswidrigkeiten, § 30 Rn. 16.

149 Mitsch, Recht der Ordnungswidrigkeiten, § 30 Rn. 17.

150 Schaffstein, in: MschrKrim 1978, 313 (319); so auch Dallinger/ Lackner, § 78 Rn. 15 „Die freiere Stellung des JRichters im vereinfachten JVerfahren gegenüber Beweisanträgen ist nicht so groß, wie es auf den ersten Blick scheinen mag".

151 Vgl. zum Grundsatz der Subsidiarität Richtlinie Nr. 1 zu § 76 JGG; Tamm, S. 32.

d. Verfahrensergebnis: Urteil

Der Jugendrichter entscheidet im vereinfachten Jugendverfahren durch Urteil. Ob die verfahrenscharakterisierenden Merkmale der Beschleunigung und Vereinfachung im Zusammenwirken mit der Richtlinie Nr. 2 zu § 54 JGG, letztlich dazu führen, dass die Anforderungen an die Urteilsbegründung herabzusetzen sind, ist fraglich.[152] Die §§ 76 ff. JGG äußern sich hierzu nicht. In der Richtlinie Nr. 2 zu § 54 JGG findet sich der allgemeine Hinweis, dass alle nicht unbedingt gebotenen rechtlichen Ausführungen unterbleiben können. Damit kann aber nicht gemeint sein, dass die Abweichungskompetenz aus § 78 III S. 1 JGG den Urteilskern, namentlich die Anforderungen des § 54 I JGG i.V.m. § 267 StPO schmälert.[153] Denn auch im vereinfachten Jugendverfahren sind die Umstände, die für eine Bestrafung ursächlich waren, die Persönlichkeitsbeurteilung sowie die Rechtsfolgenerwägung in geeigneter Form und Umfang auszuführen[154], um den der Urteilsverkündung innewohnenden erzieherischen Impuls freizusetzen.[155] Eine Vereinfachung, d.h. das Aussparen von Ausführungen, kann mithin nur die Begleitumstände betreffen.

Inhaltlich benennt der Gesetzgeber mit § 77 I S. 2 JGG Rechtsfolgen, namentlich die Hilfe zur Erziehung nach § 12 Nr. 2 JGG und die Jugendstrafe, auf die der Jugendrichter im Antragsverfahren nicht erkennen darf. Letzteres umfasst auch die Aussetzung der Verhängung der Jugendstrafe nach § 27 JGG.[156] Den gesetzlich ausgeschlossenen Rechtsfolgen steht wiederum ein breites Spektrum an Erziehungsmaßregeln und Zuchtmitteln gegenüber, die im vereinfachten Jugendverfahren angeordnet werden können. Im Einzelnen sind dies Weisungen (§§ 9 Nr. 1, 10 I JGG), Verwarnungen (§§ 13 II Nr. 1, 14 JGG), Auflagen (§§ 13 II Nr. 2, 15 JGG) und als wohl einschneidendste Rechtsfolge, ein bis zu vier wöchiger Dauerarrest (§§ 13 II Nr. 3, 16 I, IV JGG). Dem Jugendrichter steht es darüber hinaus zu, die Übersendung an das zuständige Familiengericht gemäß § 53 S. 1 JGG zu veranlassen.[157]

---

152 Vgl. Brunner/ Dölling, § 78 Rn. 21; D/S/S- Schatz, § 78 Rn. 18; Reisenhofer, Jugendstrafrecht in der anwaltlichen Praxis, S. 155 Rn. 269.

153 Vgl. zu den Anforderungen der Urteilsbegründung Eisenberg, § 54 Rn. 24 f.

154 D/S/S- Schatz, § 78 Rn. 18; Eisenberg, § 78 Rn. 31.

155 Simon, S. 145.

156 BayObLGSt, Urteil v. 29. Oktober 1970 – 8 St 134/70.

157 D/S/S- Schatz, § 53 Rn. 2; Ostendorf, NK-JGG, §§ 76 bis 78 Rn. 17.

6. Rechtsbehelfe und das Rechtsmittelverfahren

Stellt das Jugendgericht das Verfahren nach § 47 JGG ein, ist die Beschwerde nach § 47 I S. 4 JGG ausgeschlossen. Im Falle einer Urteilsentscheidung steht den Verfahrensbeteiligten das Rechtsmittelverfahren offen.[158] Nach § 35 I S. 1 StPO werden Entscheidungen, die in Anwesenheit der davon betroffenen Person ergehen, ihr durch Verkündung bekanntgemacht.[159] Erfolgt die Bekanntmachung der richterlichen Entscheidung hingegen in Abwesenheit der Jugendstaatsanwaltschaft, beginnt die Rechtsbehelfsfrist nach §§ 35 II S. 1, 41 S. 1 StPO mit Zustellung des Urteils.

Das Rechtsmittelverfahren erfährt im Jugendstrafverfahren und damit auch im vereinfachten Jugendverfahren durch § 55 JGG eine Einschränkung. § 55 JGG beschränkt die Reichweite des Rechtsmittels bezüglich seines Umfangs (§ 55 I JGG) und lässt die Rechtsbehelfe Berufung und Revision nur alternativ (§ 55 II JGG) zu.[160] Die Verkürzung des Rechtsmittelverfahrens dient der Verfahrensbeschleunigung[161] und soll dazu beitragen das Verfahren aus erzieherischen Gründen möglichst schnell zum Abschluss zu bringen.[162] In diesem Zusammenhang ist auch die Richtlinie Nr. 1 zu § 55 JGG zu erwähnen, die den Jugendstaatsanwalt dazu anhält, bei der Einlegung von Rechtsmitteln zuungunsten des Delinquenten besondere Zurückhaltung walten zu lassen, das Verfahren möglichst nicht zu verlängern.[163]

Wird das Rechtsmittelgericht angerufen, kann es mit der Frage konfrontiert werden, ob das vereinfachte Jugendverfahren geeignet war. Sofern das vereinfachte Jugendverfahren durchgeführt wurde, obwohl sich die Sachlage rückblickend nicht eignete, fehlt es an einer Prozessvorausset-

---

158 Clearingstelle Jugendhilfe/ Polizei, Infoblatt Nr. 48, S. 6; Dallinger/ Lackner, § 78 Rn. 23; zum Rechtsmittelverfahren im Jugendstrafverfahren Ostendorf, NK-JGG, Grdl. z. den §§ 55 und 56 Rn. 1 f.

159 Vgl. zur mündlichen Urteilsverkündung im Jugendstrafverfahren Eisenberg, § 54 Rn. 42.

160 Putzke, S. 103; OLG Hamm, Beschl. v. 2. Oktober 2014 – 1 Ws 477/14, NStZ 2016, 106 (107).

161 Vgl. zur verfassungsrechtlichen Würdigung der Rechtsmittelverkürzung im JGG BVerfG, Beschl. v. 23. September 1987 – 2 BvR 814/87, NJW 1988, 477; BVerfG, Beschl. v. 6. Juli 2007 – 2 BvR 1824/06, NStZ-RR 2007, 385.

162 HK-JGG/ Laue, § 55 Rn. 2; OLG Düsseldorf, Beschl. v. 2. November 1993 – 3 Ws 596-597/93, NStZ 1994, 198 (199).

163 Mann, S. 22.

zung, das Verfahren ist nach § 260 III StPO einzustellen, das erstinstanzliche Urteil aufzuheben und die Rechtssache insgesamt in den Stand des Vorverfahrens zurückzuversetzen.[164] Die nicht ausreichende Erforschung der Wahrheit im erstinstanzlichen Verfahren kann das Rechtsmittelgericht dazu veranlassen das Verfahren nach § 328 II StPO an das Ausgangsgericht zurückzuverweisen.[165] Allerdings wird das Rechtsmittelgericht dies nicht schon wegen der im erstinstanzlichen Verfahren vorgenommenen Abweichung oder Aussparung von Verfahrensvorschriften veranlassen.[166]

Denkbar ist zudem die Anrufung des Rechtsmittelgerichts wegen einer erstinstanzlichen Unzuständigkeit. Da eine Abgabe nach § 42 III JGG im vereinfachten Jugendverfahren nicht in Betracht kommt[167], ist das Verfahren gemäß § 260 III StPO in den Stand des Vorverfahrens zurückzuversetzen.[168] Interessant ist in diesem Zusammenhang noch der Fall einer in erstinstanzlicher Entscheidung ergangenen aber für das vereinfachte Jugendverfahren unzulässigen Rechtsfolge, da das Rechtsmittelgericht, unter Berücksichtigung der Rechtsfolgenbeschränkung[169] aus § 78 I S. 2 JGG selbst, auf eine Rechtsfolge erkennen kann.[170] Zwar ist ein Übergang in das förmliche Jugendverfahren im Rahmen des Rechtsmittelverfahrens unzulässig, die Verfahrenseinstellung nach § 47 JGG steht dem Rechtsmittelgericht hingegen grundsätzlich zu.[171]

7. Vollstreckungsleiter

Verstreicht die Rechtsmittelfrist fruchtlos, erwächst das Urteil in Rechtskraft und der Verfahrensabschnitt der Vollstreckung beginnt. Die Vollstreckung bereitet die angeordnete Rechtsfolge auf ihre Durchführung vor, d.h. etwa die Prüfung der Vollstreckungsvoraussetzungen, Ladung des De-

---

164 BayObLGSt, Urteil v. 29. Oktober 1970 – 8 St 134/70; so auch Clearingstelle Jugendhilfe/ Polizei, Infoblatt Nr. 48, S. 7.

165 Ostendorf, NK-JGG, §§ 76 bis 78 Rn. 19.

166 Brunner/ Dölling, § 78 Rn. 22.

167 Zur Zweckdienlichkeit im Falle eines Ortswechsels Ostendorf, NK-JGG, §§ 76 bis 78 Rn. 17.

168 HK-JGG/ Buhr, § 78 Rn. 19; Eisenberg, § 78 Rn. 35.

169 Ostendorf, NK-JGG, §§ 76 bis 78 Rn. 19; Dallinger/ Lackner, § 78 Rn. 24.

170 Brunner/ Dölling, § 78 Rn. 22 a m.w.N.

171 Eisenberg, § 78 Rn. 35; Brunner/ Dölling, § 78 Rn. 22.

linquenten.[172] Ähnlich wie im Erwachsenenstrafrecht ist die Vollstreckung ein Teil des Strafverfahrens.[173] Anders als im Erwachsenenstrafrecht ist nach § 82 I JGG mit der Vollstreckung ein Jugendrichter (sog. Vollstreckungsleiter) betraut. Grundsätzlich ist nach § 84 I JGG der Jugendrichter als zuständiger Vollstreckungsleiter zu bestellen, der auf das erstinstanzliche Urteil erkannt hat.[174] Dieser übernimmt nach § 82 I S. 2 JGG die Aufgabe, welche die StPO der Vollstreckungsbehörde zuweist.[175] Allerdings gelingt die personengebundene Vollstreckung in den Fällen nicht, in denen auf Jugendarrest erkannt wurde. Der Sitz des örtlich zuständigen Vollstreckungsleiters und der Ort der Jugendarrestanstalt fallen in der Praxis nicht selten räumlich auseinander und führen zum Wegfall der Personalunion.[176] Die Aufgabe ist dann auf den ortsnäheren Vollstreckungsleiter zu übertragen.[177]

8. Mittelbare Rechtsfolgen/ Registerrechtliche Folgen

Das Verfahrensergebnis wird auch im vereinfachten Jugendverfahren festgehalten. Das Erziehungsregister und das (Bundes-)Zentralregister konkurrieren in ihrem Anwendungsbereich nicht miteinander, sondern dokumentieren Taten von unterschiedlichem Gewicht, vgl. § 60 I BZRG. Für das vereinfachte Jugendverfahren unbedeutend ist das Zentralregister, da nur solche Rechtsfolgen eingetragen werden, die im vereinfachen Jugendverfahren nicht ergehen können.[178] Erziehungsmaßregeln und Zuchtmittel werden gemäß § 60 I Nr. 2 BZRG im Erziehungsregister festgehalten.

---

172 Meier/ Rössner/ Schöch, S. 288 Rn. 1; Brunner/ Dölling, vor § 82 Rn. 1.

173 Laubenthal/ Nestler, Strafvollstreckung, S. 23 Rn. 44.

174 Vgl. zur Einheit des Erkenntnis- und Vollstreckungsverfahrens Ostendorf, NK-JGG, Grdl. z. den §§ 82 bis 85 Rn. 3.

175 Vgl. hierzu § 451 I StPO und § 462 a StPO für die Zuständigkeit der Strafvollstreckungskammer.

176 Schaffstein/ Beulke/ Swoboda, S. 310 Rn. 907.

177 Meier/ Rössner/ Schöch, S. 289 Rn. 6.

178 Gemäß § 4 BZRG wird beispielsweise die Jugendstrafe, die nach § 21 JGG zur Bewährung ausgesetzte Jugendstrafe, die Aussetzung der Verhängung der Jugendstrafe (§ 27 JGG) oder Maßregeln der Besserung und Sicherung in das Zentralregister aufgenommen, vgl. Meier/ Rössner/ Schöch, S. 304 Rn. 35.

a. Erziehungsregister

Neben dem Verfahrensausgang, dem Tatvorwurf und dem Zeitpunkt der Erledigung gibt der Registerauszug auch Auskunft über die Verfahrensform. Dem Registerauszug kann somit entnommen werden, ob das Verfahrensergebnis aus ambulanten[179] und/oder stationären Maßnahmen folgt. Zur Übersicht dient folgende Darstellung:[180]

- *„Das Absehen von der Verfolgung nach § 45 JGG und die Einstellung des Verfahrens nach § 47 JGG. In beiden Fällen werden auch die getroffenen Maßnahmen eingetragen. Nicht eingetragen werden hingegen Einstellungen des Verfahrens nach § 170 StPO oder nach § 153 StPO;*
- *Erziehungsmaßregeln oder Zuchtmittel nach den §§ 9 bis 16 und § 112 a Nr. 2 JGG (z.B. Weisungen, Erziehungsbeistandschaft, Auflagen oder Arrest), Nebenstrafen oder Nebenfolgen nach § 8 Abs. 3 oder § 76 JGG allein oder in Verbindung miteinander;*
- *Schuldsprüche, die nach § 13 Abs. 2 Satz 2 Nr. 2 BZRG aus dem Zentralregister entfernt worden waren, weil sie in ein folgendes Urteil einbezogen wurden;*
  - *Freisprüche wegen mangelnder Reife und aus diesem Grund eingestellte Verfahren (§ 3 Satz 1 JGG);*
  - *Maßnahmen gegen mangels Reife strafrechtlich nicht verantwortliche Jugendliche nach § 3 Satz 2 des Jugendgerichtsgesetzes, wonach ein/e Jugendrichter/in die gleichen Maßnahmen anordnen darf wie ein/e Familien- oder Vormundschaftsrichter/in;*
  - *Entscheidungen, in denen der/ die Richter/ in die Auswahl und Anordnung von Erziehungsmaßregeln dem Familien- und Vormundschaftsgericht überlässt (§§ 53, 104 Abs. 4 JGG) sowie die Anordnung derselben;*
  - *vorläufige und endgültige Entscheidungen des Familiengerichts zu gerichtlichen Entscheidungen bei Gefährdung des Kindeswohls nach § 1666 Abs. 1 und § 1666 a BGB sowie Entscheidungen des Vormundschaftsgerichts nach § 1837 Abs. 4 in Verbindung mit § 1666 Abs. 1 und § 1666 a BGB, welche die Sorge für die Person des/ der Minderjährigen betreffen sowie diejenigen Entscheidun-*

---

179 Clearingstelle Jugendhilfe/ Polizei, Infoblatt Nr. 46, S. 1.

180 Darstellung nach: Clearingstelle Jugendhilfe/ Polizei, Infoblatt Nr. 46, S. 1.

> *gen, durch welche die vorgenannten aufgehoben oder geändert werden.*

Anders als das Zentralregister ist das Erziehungsregister ein internes Register.[181] Zugriff bzw. Einsicht haben nach § 61 I BZRG u.a. Strafgerichte, Jugendämter, die Staatsanwaltschaft und das Vormundschaftsgericht. Den Ermittlungsbeamten ist der Zugriff verwehrt. Im Rahmen des Ermittlungsverfahrens sind die Ermittlungsbeamten darauf angewiesen, dass die Staatsanwaltschaft den Registerauszug beantragt und ihnen zur Verfügung stellt. Dass dieser Verfahrensschritt eine Verzögerung mit sich bringt, liegt auf der Hand.

Die Berliner Polizei verfügt seit März 2005 über ein eigenständiges Informationssystem. Das Polizeiliche Landessystem zur Information, Kommunikation und Sachbearbeitung (POLIKS) erfasst u.a. die Vorgangsbearbeitungen und die Ermittlungsergebnisse.[182] Der Zugriff auf das Datenbanksystem steht nicht jedem Ermittlungsbeamten uneingeschränkt zu: „Für die Nutzung des Informationssystems besteht [...] ein abgestuftes Rollen- und Rechtekonzept. Die daraus abgeleiteten Leseberechtigungen werden gleichermaßen abgestuft vergeben und richten sich nach dem jeweiligen Aufgabenbereich der Mitarbeiterinnen und Mitarbeiter. Jede Mitarbeiterin und jeder Mitarbeiter erhält somit nur die Leserechte, die für ihren bzw. seinen Aufgabenbereich erforderlich sind".[183] Die Systempflege erfolgt in der Regel nicht mit der gebotenen Sorgfalt, sodass unvollständige Daten, Eingabefehler und ein unzureichender Informationsgehalt zumeist einen authentischen 'Rückblick' auf den strafrechtlichen Werdegang des Delinquenten verwehren. Folglich könnte bei einem Verdacht der Unvollständigkeit ein Abgleich mit dem Erziehungsregister von großer Bedeutung sein.

Ist eine Eintragung im Erziehungsregister bereits vermerkt, ist diese nach § 63 I BZRG spätestens mit Vollendung des 24. Lebensjahres zu entfernen. Andernfalls tritt bei vorzeitiger Tilgung – z.B. auf Antrag nach

---

181 Meier/ Rössner/ Schöch, S. 307 Rn. 41.

182 POLIKS erfasst polizeiliche Vorgänge, dient als umfassendes Such- und Recherchesystem und verfügt über eine Anbindung und Integration von externen Informationssystemen. Zum Umfang der Datenverarbeitung im Polizeilichen Landessystem zur Information, Kommunikation und Sachbearbeitung Abgeordnetenhaus Berlin, Drucksache 17/ 12356, S. 1 f.

183 Abgeordnetenhaus Berlin, Drucksache 17/ 12356, S. 3.

§ 49 BZRG – ein Verwertungsverbot ein, sodass dem Jugendlichen aus der Eintragung selbst kein Nachteil erwachsen darf, vgl. § 51 BZRG.[184]

b. Zentrale staatsanwaltliche Verfahrensregister

Ein weiteres internes Register ist das in jedem Land vorzufindende Zentrale Staatsanwaltliche Verfahrensregister (ZStV). Das ZStV findet seinen gesetzlichen Niederschlag in den §§ 492 ff. StPO und wird auch in Jugendsachen geführt.[185] Berechtigt zur Einsicht ist die Strafverfolgungsbehörde, vgl. § 492 III S. 2 StPO. Der Begriff der Strafverfolgungsbehörde umfasst auch die tätigen Ermittlungsbeamten.[186] Stellt die Strafverfolgungsbehörde den sog. Informationsantrag, erstreckt sich die Auskunft in Reichweite und Tiefe auf alle in § 492 II Nr. 1 bis 5 StPO aufgelisteten Bereiche.[187] Im Einzelnen können dies personenbezogene Daten des Delinquenten sein, Bezeichnung der Straftaten und Tatvorwürfe unter Angabe der einschlägigen Vorschriften, Einleitungen von Strafverfahren sowie Verfahrenserledigungen bei der Staatsanwaltschaft und bei Gericht. Demzufolge kann die Strafverfolgungsbehörde auch solche Informationen einholen, die im Erziehungsregister nicht erfasst werden.[188] Das ZStV beinhaltet beispielsweise die Verfahrenseinstellungen nach § 170 II StPO und die Einstellung wegen Schuldunfähigkeit, ist mithin bezogen auf den Informationsumfang weitläufiger als das Erziehungsregister.[189]

---

184 Hase, in: BZRG, § 64 Rn. 3.
185 Meier/ Rössner/ Schöch, S. 308 Rn. 44.
186 SK-StPO/ Weßlau, Band VIII, § 481 Rn. 9; Meyer-Goßer/ Schmitt, § 492 Rn. 8.
187 SK-StPO/ Weßlau, Band VIII, § 492 Rn. 21.
188 Meier/ Rössner/ Schöch, S. 308 Rn. 44.
189 Meyer-Goßner/ Schmitt, § 492 Rn. 4; SK-StPO/ Weßlau, Band VIII, § 492 Rn. 14; vgl. zum Umfang der zu erfassenden Daten § 4 ZStVBetrV.

D. Das Neuköllner Modell – Zielrichtung Beschleunigung

Innerhalb eines Zeitraums von ca. drei Wochen soll mit Hilfe des besonders beschleunigten Verfahrens nach dem Neuköllner Modell das Jugendstrafverfahren zum Abschluss gebracht werden.[190] Dieses ambitionierte Ziel zeigt den Schwerpunkt der Verfahrensform auf. Zuversicht und Einigkeit herrscht dahingehend, dass die Initiatoren „mit ihrem Neuköllner Modell ein gutes Konzept zur zeitlichen Verkürzung von Jugendgerichtsverfahren entwickelt“[191] haben.

I. Rechtlicher Ausgangspunkt der Beschleunigung

Der Beschleunigungsgrundsatz richtet sich primär an die Strafverfolgungsbehörden.[192] Im Mittelpunkt steht die unverzügliche staatliche Reaktion und der zeitnahe Verfahrensabschluss. In der Strafprozessordnung – als primäre Rechtsquelle für die Feststellung und Durchsetzung des staatlichen Strafanspruchs[193] – und dem Jugendgerichtsgesetz findet der Beschleunigungsgrundsatz keinen unmittelbaren Niederschlag.[194] Gleichwohl verpflichten die völkerrechtlichen als auch die bundesgesetzlichen Bestimmungen zur beschleunigten Verfahrensdurchführung. Die folgende tabellarische Darstellung soll zum Verständnis beitragen:

---

190 Abgeordnetenhaus Berlin, Drucksache 17/ 10092, S. 1.

191 Pfeiffer, in: ZJJ 2010, 323; so auch Abgeordnetenhaus Berlin, Drucksache 16/ 13899, S. 1; Abgeordnetenhaus Berlin, Drucksache 17/ 10092, S. 1.

192 BGH, Beschl. v. 17. Januar 2008 – GSSt 1/07; Mann, S. 5, 12; Mertens, S. 14; zur Verzögerung im richterlichen Dienst Hanack, in: JZ 1971, 705 (711); Kloepfer, in: JZ 1979, 209 (213).

193 Baumann/ Weber/ Mitsch, § 4 Rn. 2.

194 Vgl. zur Schaffung eines gesetzlich normierten Beschleunigungsgebots Mertens, S. 13 m.w.N.; zur Entbehrlichkeit eines gesetzlichen Niederschlags und dem direkten Rückgriff auf Art. 6 I S. 1 EMRK BGH, Beschl. v. 17. Januar 2008 – GSSt 1/07.

1. Völkerrechtliche Rechtsquellen

Art. 6 I S. 1 EMRK	Jede Person hat ein Recht darauf, dass über eine gegen sie erhobene strafrechtliche Anklage innerhalb angemessener Frist verhandelt wird;[195]
Art. 47 II Charta der Grundrechte der Europäischen Union	Verhandlung der Rechtssache innerhalb einer angemessenen Frist;
Nr. 20.1 Rahmenbestimmungen der Vereinten Nationen für die Jugendgerichtsbarkeit (Beijing-Regeln) v. 29. November 1985	Jeder Fall ist von Anfang an zügig und ohne jede unnötige Verzögerung zu behandeln;[196]
Art. 14 III lit. c IPBPR	Urteil muss ohne unangemessene Verzögerung gegen den Angeklagten ergehen.[197]

2. Bundesgesetze

§ 121 StPO	Zeitliche Beschränkung der Untersuchungshaft;
§ 154 I Nr. 2 StPO	Absehen von der Strafverfolgung sofern das Urteil in angemessener Frist nicht zu erwarten ist;[198]
§ 163 II StPO	Ohne Verzug;[199]
§ 115 I StPO	Unverzüglich;
§ 229 StPO	Höchstdauer einer Unterbrechung;[200]
§ 275 StPO	Urteilsabsetzungsfrist;
§§ 268 II, 229 StPO	Frist zur Urteilsverkündung;

195 Überwiegend wird hierunter der Zeitraum von der Ermittlungsaufnahme bis zu den Schlussvorträgen im Sinne des § 258 StPO verstanden, vgl. Putzke, S. 54; a.A. Mann, S. 9 wonach „Art. 6 Abs. 1 S. 1 EMRK noch nicht im Vor- und Zwischenverfahren, sondern nur im Hauptverfahren herangezogen werden“ kann.

196 Rahmenbestimmungen der Vereinten Nationen für die Jugendgerichtsbarkeit (Beijing-Regeln) v. 29. November 1985, abgedruckt in: ZStW 99 (1987), S. 253 (277).

197 Vgl. Scheffler, S. 50 m.w.N.

198 Vgl. zum innewohnenden Beschleunigungsgedanken Scheffler, S. 68 m.w.N.

199 Zur Geltung des Beschleunigungsgebots im Rahmen des Ermittlungsverfahrens, vgl. Baumanns, S. 72.

200 Zur Konzentrationsmaxime als Ausprägung des Beschleunigungsprinzips, vgl. Baumanns, S. 54; a.A. Hanack, in: JZ 1971, 705 (710).

§§ 314, 341 StPO	Im Vergleich zum Zivilprozess kürzere Fristen im Rechtsmittelverfahren;
§§ 407 ff. StPO	Strafbefehlsverfahren;
§ 418 I StPO	Stellt die Staatsanwaltschaft den Antrag, so wird die Hauptverhandlung sofort oder in kurzer Frist durchgeführt;
§ 38 II S. 3 JGG	Beschleunigter Bericht der JGH in Haftsachen;
§ 43 I S. 1 JGG	Lebens- und Familienverhältnisse und der Werdegang sollen so bald wie möglich ermittelt werden;
§ 4 JA VollzO i.V.m. § 87 JGG	Der Vollstreckungsleiter kann nach § 87 III JGG von der Vollstreckung aus erzieherischen Gründen absehen, wenn seit Eintritt der Rechtskraft sechs Monate vergangen sind;
§ 84 Abs. 4 JGG	Vollstreckung unzulässig, wenn seit Rechtskraft ein Jahr verstrichen ist.

3. Richtlinien zu den Bundesgesetzen

Nr. 5 I RiStBV	Die Ermittlungen sind zunächst nicht weiter auszudehnen, als nötig ist, um eine schnelle Entscheidung über die Erhebung der öffentlichen Klage oder die Einstellung des Verfahrens zu ermöglichen;
Nr. 7 I S. 1 RiStBV	[…] die keinen Aufschub dulden;
Nr. 5 IV RiStBV	In Haftsachen und in Verfahren, die den öffentlichen Frieden stören, sind die Ermittlungen besonders zu beschleunigen;
Nr. 153 RiStBV	Rechtsmittelsachen sind stets als Eilsachen zu behandeln;
Richtlinie Nr. 6 zu § 43 JGG	Die Maßnahmen und Strafen des Jugendstrafrechts sind regelmäßig dann am wirksamsten, wenn sie der Tat auf dem Fuße folgen. Die Staatsanwaltschaft wirkt darauf hin, daß das Jugendamt verständigt wird, sobald der Stand der Ermittlungen dies erlauben, und daß das Jugendamt seine Erhebung mit größter Beschleunigung durchführt;

Richtlinien Nr. 1 zu § 55 JGG	Aus erzieherischen Gründen ist es regelmäßig erwünscht, daß das Jugendstrafverfahren möglichst schnell zum Abschluß gebracht wird;[201]
Richtlinie zu §§ 82- 85 JGG	Die bei der Strafvollstreckung grundsätzlich erforderliche Beschleunigung ist für die Vollstreckung der für Jugendliche festgesetzten Maßnahmen und Straftaten besonders wichtig. Je mehr sich für sie der innere Zusammenhang zwischen Tat, Urteil und Vollstreckung durch Zeitablauf lockert, um so weniger ist damit zu rechnen, daß die Maßnahmen oder Strafe die beabsichtigte Wirkung erreicht.

4. Verfassungsrechtliche Herleitung

Art. 20 III GG beinhaltet die wesentlichen (Teil-)Elemente des Rechtsstaatsprinzips und verpflichtet die staatlichen Stellen kraft ihrer Bindung an Gesetz und Recht[202] zur zügigen Verfahrensdurchführung.[203] Staatliche Stellen sind die gesetzlichen Richter im Sinne des Art. 101 I S. 2 GG[204] und als Teil der vollziehenden Gewalt, die Strafverfolgungsbehörden. Sie werden unmittelbar durch Art. 20 III GG zur zügigen Verfahrensdurchführung[205] angehalten, sodass das Beschleunigungsgebot eine abstrakt-generelle Pflicht zum zeitnahen Handeln etabliert.[206] Vermehrt wird das Beschleunigungsgebot aus den Abwehrrechten i.V.m. dem Rechtsstaatsprinzip hergeleitet.[207] Das Abwehrrecht als 'status negativus' verschafft dem

201 Vgl. auch OLG Düsseldorf, Beschl. v. 2. November 1993 – 3 Ws 596-597/93, NStZ 1994, 198 (199) wonach „größtmögliche Beschleunigung durch Eingrenzung des Rechtszuges geboten ist“.

202 Vgl. zur Begriffsunterscheidung Schnapp, in: v. Münch/ Kunig, GGK I, Art. 20 Rn. 61 f.; Grzeszick, in: Maunz/ Dürig, Komm. z. GG, Band III, Art. 20 VI. Rn. 60 f.

203 Jarass/ Pieroth, Art. 20 Rn. 103; Schnapp, in: v. Münch/ Kunig, GGK I, Art. 20 Rn. 64; Scheffler, S. 50.

204 Zur verfassungsrechtlichen Einordnung der Judikative Kloepfer, in: JZ 1979, 209 (210).

205 Vgl. zur allgemeinen Dienstpflicht der Staatsanwaltschaft die sie zur zügigen Durchführung eines Ermittlungsverfahrens anhält, Scheffler, S. 87.

206 Jarass/ Pieroth, Art. 20 Rn. 28; Scheffler, S. 50; Mann, S. 7.

207 BVerfG, Beschl. v. 5. Februar 2003 – 2 BvR 327/02, NJW 2003, 2225; BVerfG, Beschl. v. 25. Juli 2003 – 2 BvR 153/03, NJW 2003, 2897; a.A. Hanack, in: JZ 1971, 705 (711).

Einzelnen ein (Abwehr-)Recht gegen eine unangemessene Verfahrensdauer und begründet zugleich ein Leistungsrecht ('status positivus') auf zügige Verfahrensdurchführung.[208] Auch eine unmittelbare Herleitung aus Art. 1 I GG i.V.m. dem Rechtsstaatsprinzip erscheint vertretbar. Gemäß Art. 1 I GG ist die Würde des Menschen unantastbar. Sie zu achten und zu schützen ist Verpflichtung aller staatlichen Stellen. Diese Pflicht zwingt die staatlichen Stellen – insbesondere im Rahmen des Strafverfahrens – faktisch zur Beschleunigung. Kommen die staatlichen Stellen dem nicht nach und verharrt der Beschuldigte in dieser belastenden Situation länger als erforderlich, könnte dies eine Verletzung des Art. 1 I GG i.V.m. dem Rechtsstaatsprinzip verursachen.[209] Denn selbst wenn keine unmittelbaren freiheitsbeschränkenden Maßnahmen ergehen, „erfährt [der Beschuldigte] durch das Verfahren doch typischerweise eine seelische und oft auch eine seine soziale Existenz berührende Beeinträchtigung faktischer wie rechtlicher Art".[210] Zusammenfassend lässt sich festhalten, dass das Rechtsstaatsprinzip und damit unsere Verfassung selbst zur beschleunigten Verfahrensdurchführung verpflichtet. Wird dieser Pflicht nicht entsprochen, verletzt es den Betroffenen in seinem Recht auf ein faires rechtsstaatliches Verfahren.[211]

Zwischenergebnis

Durch die Zusammenschau der völkerrechtlichen Bestimmungen, der Bundesgesetze, der Richtlinien zu den Bundesgesetzen und dem Grundgesetz wird die Beschleunigungsverpflichtung deutlich. Die Verfassungsvä-

208 Kloepfer, in: JZ 1979, 209 (212); vgl. auch Scheffler, S. 77, 85 f. zum Antragsrecht des Beschuldigten auf Verfahrensbeschleunigung und der generellen Einklagbarkeit einer zügigen Verfahrensdurchführung.

209 Vgl. hierzu Hanack, in: JZ 1971, 705 (711); zur Bewertung und Berücksichtigung von überlanger Verfahrensdauer durch die höchstrichterrechtliche Rechtsprechung Scheffler, S. 21 f.; Rose, in: NStZ 2013, 315 (319) zur Verletzung des Beschleunigungsgebots und etwaiger Kompensationsmöglichkeiten.

210 Hanack, in: JZ 1971, 705 (711).

211 BVerfG, Beschl. v. 5. Februar 2003 – 2 BvR 327/02, NJW 2003, 2225; BVerfG, Beschl. v. 14. Juli 1994 – 2 BvR 1072/94, NJW 1995, 1277; vgl. zur verfassungsrechtlichen Herleitung des Beschleunigungsgebots auch Khostevan, S. 29; Kloepfer, in: JZ 1979, 209 (212); Zur Effektivität des Rechtsschutzes als Ausprägung des Rechtsstaatsprinzips Schulze-Fielitz, in: Dreier, Band II, Art. 20 Rn. 220 f.; Jarass/ Pieroth, Art. 19 Rn. 66.

ter und der Gesetzgeber haben sich, obgleich sie keine Sanktionsinstrumente bei Nichteinhaltung des Beschleunigungsgebots normierten, eindeutig zur beschleunigten Verfahrensdurchführung im (Jugend-)Strafverfahren und im Rahmen der Strafvollstreckung bekannt.

II. Neuköllner Modell: Erziehung durch Beschleunigung?

> *„Das „Neuköllner Modell" folgt der Erkenntnis, dass Verfahren im Jugendstrafrecht schnell und konsequent geführt werden müssen, um einerseits die Verfestigung krimineller Lebensgewohnheiten frühzeitig zu unterbinden und andererseits gleichsam die Strafe auf dem Fuße folgen zu lassen".*[212]

1. Ein unbestimmter (Rechts-)Begriff

Eine pädagogische Ausrichtung wird bei der Durchsicht des Jugendgerichtsgesetzes deutlich.[213] Begriffe wie *vorrangig am Erziehungsgedanken auszurichten* (§ 2 I JGG), *Erziehung fördern* (§ 10 I JGG) oder *aus Gründen der Erziehung geboten* (§ 11 II JGG) normieren die spezialpräventive Orientierung.[214] Allerdings wird der Begriff des Erziehungsgedankens im JGG nicht bestimmt.

Bei lebensnaher Auslegung könnte der Erziehungsbegriff[215] zunächst einmal eine gewisse Dauerhaftigkeit[216] im Umgang von (mindestens) zwei Personen voraussetzen.[217] Das Element der Dauerhaftigkeit trägt als wesentlicher Bestandteil zur Vertrauensbildung bei und würde ggf. eine gewisse Einflussnahme ermöglichen. Dies trifft indes für das Jugendstrafverfahren nicht zu. In der Regel bleibt es bei einer (einmaligen) kurzzeitigen

---

212 Abgeordnetenhaus Berlin, Drucksache 16/ 14370, S. 1.

213 Vgl. §§ 2 I S. 2, 10 I, 11 II, 17 II, 18 II, 21 I, 23 I, 24 I und II, 31 III, 34 II und III, 37, 38 II, 43 I, 45 II und III, 47 II S. 4, 51 I, und II Nr. 1, 54 II, 71 I, 80 I, 90 I JGG.

214 Pfeiffer, S. 57.

215 Der Begriff der Erziehung findet freilich nicht nur in der Rechtswissenschaft seine Verwendung. Für die Erziehung findet sich u.a. ein kriminalpolitischer, soziologischer und pädagogischer Definitionsansatz, vgl. hierzu Budelmann, S. 6; Mann, S. 16 m.w.N.; zur kriminologischen Einordnung Kraft, S. 306 f.

216 So etwa Rose, in: NStZ 2013, 315 (318) wonach „der Aufbau eines pädagogischen Verhältnisses zum Jugendlichen gerade Zeit […] benötigt".

217 Siehe hierzu Böhm/ Feuerhelm, § 3 S. 11.

Begegnung und dennoch verwendet das JGG den Erziehungsbegriff.[218] Eine fachübergreifende allgemeingültige Begriffsbestimmung findet sich nicht.[219] Naheliegend wäre daher der Gang über das Erziehungsstrafrecht. Die Begriffszusammensetzung von Erziehung und Strafrecht verbindet den pädagogischen Aspekt mit dem sanktionierenden Charakter.[220] In diesem Zusammenhang bedeutet Erziehung „ein bewusstes Eingreifen in die Entwicklung eines anderen Menschen um der Verwirklichung bestimmter Ziele willen, wobei neben der Änderung von Verhaltensweisen auch deren Stabilisierung umfasst sein kann".[221] Unter Erziehungsstrafrecht im rechtswissenschaftlichen Sinne ist daher das Strafrecht zu verstehen, „das die Strafe für eine zu ahndende Tat in großem Umfang durch die Maßnahmen der Erziehung ersetzt und in Fällen, in denen nicht auf die ahndende Strafe verzichtet werden kann, diese auf eine erzieherische Einwirkung ausrichtet. Erziehungsstrafrecht ist also Strafrecht, in welchem dem Erziehungsprinzip der Vorrang zukommt".[222] Damit lässt sich die Erziehung im jugendstrafrechtlichen Sinne „als zwischenmenschlicher Prozess umschreiben, bei dem der Erziehende durch bestimmte […] Maßnahmen […], gerichtet auf ein bestimmtes Ziel, spezifische Veränderungen bei der zu erziehenden Person herbeizuführen sucht. Dementsprechend bedient sich das Jugendstrafrecht der Erziehung, wenn es den ihm Unterworfenen durch seine Maßnahmen zu verändern sucht, um ein bestimmtes Ziel zu erreichen".[223] Gemäß § 2 I S. 1 JGG soll die Anwendung des Jugendstrafrechts vor allem erneuten Straftaten eines Jugendlichen entgegenwirken. Das primäre Erziehungsziel des Gesetzgebers ist eine auf die Zukunft gerichtete straffreie, d.h. rechtschaffene, Lebensführung.[224] Die Lebensführung ist rechtschaffen im vorbezeichneten Sinne, wenn „die Grundwerte

---

218 Böhm/ Feuerhelm, § 3 S. 11; so auch Meier/ Rössner/ Schöch, S. 12 Rn. 15.

219 Budelmann, S. 6; Tamm, S. 5; Putzke, S. 31 apostrophiert den Erziehungsbegriff als „babylonische Uneinigkeit".

220 Zum Spannungsverhältnis von Erziehung und Strafe Putzke, S. 29.

221 Putzke, S. 32.

222 Budelmann, S. 6; vgl. auch Putzke, S. 31 wonach Strafen, die als Konsequenzen zu verstehen sind, erzieherisch nutzbar zu machen sind.

223 Budelmann, S. 7.

224 Kritisch hierzu Putzke, S. 35 wonach die Begriffsverwendung *rechtschaffen* im § 91 JGG a.F. und den §§ 21 I, 97 I JGG einer passiven Auslegung – auf das rein äußerliche gesetzeskonforme Legalverhalten – entgegensteht.

menschlichen Zusammenlebens in der Rechtsgemeinschaft“[225] von dem Delinquenten anerkannt und eingehalten werden. Die straffreie Lebensführung darf hingegen nicht mit einem 'pädagogischen Rundumschlag' gleichgesetzt werden.[226] § 2 I JGG benennt mit dem Verfahrensziel zugleich die Grenze des Erziehungsauftrags.

2. Erziehungsgedanke im Neuköllner Modell

Das Neuköllner Modell betrifft die Verfahrensausgestaltung. Es 'entschlackt' durch den Rückgriff auf die Besonderheiten des §§ 76 ff. JGG das Verfahren und initiiert eine konzertierte institutionsübergreifende Zusammenarbeit. Ziel ist eine besonders beschleunigte Verfahrensdurchführung. Der unverzüglichen und konsequenten Handlungsweise der Behörden und Gerichte wird im Rahmen des Neuköllner Modells ein erzieherischer Impuls beigemessen. Das unmittelbare Aufzeigen von Verhalten (Aktion) und Konsequenz (Reaktion) soll den entschiedenen erzieherischen Impuls freisetzen. Die Verfestigung und Erhärtung von Kriminalitätsprofilen soll hierdurch frühzeitig wahrgenommen werden[227] und durch die zeitnahe adäquate Aufarbeitung des Tatgeschehens wird dem Delinquenten die Gelegenheit geboten, sich seines Verhaltens zu entledigen.[228]

Der Gesetzgeber hat das Erziehungsziel ausdrücklich auch auf das Verfahren erstreckt.[229] Dies zeigt sich u.a. im Rahmen des Rechtsmittelverfahrens, indem im Interesse der Erziehung auf die Verfahrensbeschleunigung gesetzt wird.[230]

---

225 OLG Koblenz, Beschl. v. 3. November 1977 – 1 Ws 560/77, Lahnstein, in: GA 1978, 83.

226 Schaffstein/ Beulke/ Swoboda, S. 4 Rn. 8.

227 Abgeordnetenhaus Berlin, Drucksache 16/ 13899, S. 1.

228 a.A. Evaluation, S. 91, einsehbar unter: http://www.dvjj.de/nachrichten-aktuell/abschlussbericht-der-evaluation-zum-neuk-llner-modell-ver-ffentlicht (zuletzt abgerufen am 10. März 2016) „Dies ist aber im NKM nicht vorgesehen. Stattdessen ist die vorherrschende Intention des praktizierten NKM, die jugendlichen Straftäter durch die Hauptverhandlung zu beeindrucken und dem Jugendrichter die Gelegenheit zu geben, aus seiner den anderen Akteuren teilweise überlegenen Position heraus über eine Lösung zu befinden“.

229 Schaffstein/ Beulke/ Swoboda, S. 4 Rn. 8; vgl. auch § 2 I S. 2 JGG.

230 Meier/ Rössner/ Schöch, S. 22 Rn. 36; OLG Düsseldorf, Beschl. v. 2. November 1993 – 3 Ws 596-597/93, NStZ 1994, 198 (199).

3. Beschleunigung im Neuköllner Modell

Obgleich der Beschleunigungsgrundsatz im Rahmen des Jugendstrafverfahrens uneingeschränkt seine Geltung entfaltet[231], dient die beschleunigte Verfahrensdurchführung im Jugendstrafrecht nicht ausschließlich der Rechtssicherheit[232], dem Schutz des Beschuldigten[233], der wahrheitssichernden Funktion[234], der Umsetzung von allgemeinen rechtsstaatlichen Überlegungen[235], der Funktionsfähigkeit der Rechtspflege[236] oder der Verfahrensökonomie.[237] Vielmehr geht das Beschleunigungsprinzip im Rahmen des Jugendstrafrechts über die vorbezeichneten Belange hinaus.[238] Im täterorientierten Jugendstrafrecht[239] ist die zeitnahe staatliche Reaktion ein Bindeglied zwischen Tat und Sanktion.[240] Das vorgeworfene Verhalten soll möglichst bis zur Aufarbeitung der Tat konserviert werden. Da die persönliche Lebenssituation des jungen Delinquenten jedoch ständig im Wandel ist, ist dieses Anliegen mit der Verfahrensdauer eminent verknüpft. Mit einer besonders beschleunigten Verfahrensdurchführung kann der persönliche Zustand zum Zeitpunkt der Tat als Anknüpfungspunkt der Intervention sichergestellt werden.[241] Ein 'Herauswachsen aus der Tat', womit der Jugendliche seine Ansprechbarkeit abstreift, wird erschwert.

---

231 Mann, S. 11; siehe auch Rose, in: NStZ 2013, 315 (316) „Beschleunigungsgrundsatz [...] universell für Verfahren gegen Erwachsene und Jugendliche anwendbar".

232 Sachs, in: Sachs, Art. 20 Rn. 122, 164.

233 Baumanns, S. 62; Mertens, S. 20.

234 Etwa wegen der Erinnerungsfähigkeit von Geschädigten oder Zeugen, vgl. hierzu auch Mertens, S. 58; Baumanns, S. 66 f.

235 Hofmann, in: Schmidt-Bleibtreu, GG, Art. 20 Rn. 67.

236 Jarass/ Pieroth, Art. 20 Rn. 103; Kloepfer, in: JZ 1979, 209 (212).

237 Hanack, in: JZ 1971, 705 (710).

238 Mann, S. 13 f.; vgl. zu den Abweichungen der Ziele, die mit der beschleunigten Verfahrensdurchführung im Jugendstrafverfahren im Vergleich zum allgemeinen Strafverfahren verfolgt werden Rose, in: NStZ 2013, 315 (317).

239 Umfassend zum Täter- und Tatstrafrecht Schaffstein/ Beulke/ Swoboda, S. 1 Rn. 1 ff.; Ostendorf, LB-JGG, S. 60 Rn. 56 f.

240 Heinz, in: DVJJ 1999, 11; vgl. auch Begründung des Entwurfs eines Gesetzes zur Änderung des Reichsjugendgesetzes 1953, BT-Drs. I/ 3264, S. 9.

241 Ostendorf, in: StV 2002, 436 (442) „Es besteht die Gefahr, dass sich in dieser Zeit Rechtfertigungs- und Bagatellisierungsmuster entwickeln und verfestigen und der Zusammenhang zwischen Tat und strafrechtlicher Reaktion nicht mehr verstanden wird"; Zur sog. Neutralisierungstechnik nach Matza und Sykes siehe Mann, S. 23 f.

Letzteres könnte erhebliche Auswirkungen auf den Delinquenten haben: „Kommt es zu Verzögerungen, wird die möglicherweise positive Wirkung des Verfahrens und der Entscheidung selbst in Frage gestellt. Je mehr Zeit verstreicht, desto schwieriger [...] wird es für den Jugendlichen, das Verfahren und die getroffene Entscheidung geistig und psychologisch noch mit der Tat in Verbindung zu bringen“.[242]

Die beschleunigte Verfahrensdurchführung begünstigt die geistige und psychologische Einordnung der Tat.[243] Hierdurch wird der Jugendliche zum Zeitpunkt des Ereignisses erreicht und ein psychisches Wegbewegen von der Tat wird erschwert. Sichergestellt ist damit die körperlich-räumliche sowie psychische Nähe zum Ereignis. Die beschleunigte Verfahrensdurchführung trägt dann dem verzerrten Zeitempfinden des Jugendlichen Rechnung.[244] Entfernt sich die Tat von dem Lebensmittelpunkt eines Jugendlichen, erschwert es die geistige Verknüpfung des Verfahrens mit dem vorangegangenen Ereignis.[245] Damit rückt das dissoziale Verhalten emotional von dem Jugendlichen weg oder es wird durch weitere Ereignisse überlagert.[246] Eine zeitnahe Einsicht in das begangene Unrecht ist jedoch zwingend notwendig als Grundlage und Weichenstellung für die erkenntnisleitenden Erfahrungen von Jugendlichen.[247]

---

242 Rahmenbestimmungen der Vereinten Nationen für die Jugendgerichtsbarkeit (Beijing-Regeln) v. 29. November 1985, abgedruckt in: ZStW 99 (1987), S. 253 (277).

243 Vgl. hierzu Rose, in: NStZ 2013, 315 (318) „Insoweit lassen sich durchaus Aspekte für eine beschleunigte Durchführung anführen, insb. fällt es dem Jugendlichen leichter, die „Strafe“ als konsequente Folge seines eigenen Tuns zu erkennen, da er die Beziehung zu diesem noch nicht verloren hat, darüber hinaus erschweren Verdrängungsmechanismen und Neutralisierungstechniken noch nicht so schwer wie zu späterer Zeit, den Jugendlichen zu erreichen, und schließlich wächst die Gefahr einer anderweitigen Verstärkung des devianten Verhaltens, etwa durch negative Einflüsse in der peer group, mit zunehmender Zeit“.

244 Khostevan, S. 30 „So wird etwa eine sechsmonatige Wartezeit auf die strafrechtliche Hauptverhandlung von Jugendlichen als wesentlich länger empfunden als von Erwachsenen“.

245 Rahmenbestimmungen der Vereinten Nationen für die Jugendgerichtsbarkeit (Beijing-Regeln) v. 29. November 1985, abgedruckt in: ZStW 99 (1987), S. 253 (277).

246 Pfeiffer, S. 96.

247 „Das Einstehenmüssen für eine Straftat, deren Ahndung durch Zuchtmittel oder Jugendstrafe, kann für einen Jugendlichen eine nützliche, ja eine notwendige Erfahrung sein [...]“ Böhm/ Feuerhelm, § 3 S. 11.

Das Ziel des Jugendstrafrechts ist das Legalverhalten.[248] Eine schnelle und konsequente Reaktion der Behörden kann die kriminelle Ausrichtung eines Delinquenten hemmen und durch die Verknüpfung von Verhalten und Reaktion auf das beabsichtigte Legalverhalten hinwirken.[249] Verdeutlichen lässt sich dieser Ansatz durch einen Perspektivenwechsel, wenn das Fehlverhalten des Delinquenten als Fragestellung verstanden wird: Kann ich dieses Verhalten beibehalten? Die zeitnahe Aufarbeitung der Tat, die Konfrontation mit dem verursachten Schaden[250] und das Spiegeln und Rechtfertigen des eigenen dissozialen Verhaltens verhilft ggf. zum Umdenken und stellt zugleich eine Reaktion dar, die als Antwort gewertet werden kann.[251] Bei einer zeitnahen staatlichen Reaktion ist es für den Jugendlichen spürbar, dass sein Fehlverhalten eine Reaktion auslöst. Findet eine gesellschaftliche Rückmeldung[252] nicht zeitnah statt, vermittelt dies dem Jugendlichen ggf. keine ausreichende Konsequenz auf sein dissoziales Verhalten. Insbesondere dann, „wenn die Tat trotz ihrer Aufdeckung für den Täter den angestrebten Erfolg oder zumindest einen Teilerfolg erbracht hat, wie etwa die Anerkennung der Gruppe, der er angehört, die angestrebte Verletzung des Opfers oder etwa den vorübergehenden Besitz des entwendeten Pkw".[253] Wenn dem Taterfolg keine adäquate und zügige Reaktion entgegensteht, wird im Rahmen einer Abwägung der Taterfolg überwiegen. Es wäre somit nicht überraschend, wenn der Jugendliche sein dissoziales Verhalten fortsetzen würde.

4. Einwände gegen eine beschleunigte Verfahrensdurchführung

Die Annahme, eine Verfahrensbeschleunigung führe dazu, dass Verfahrensschritte, die auf den Schutz des Beschuldigten gerichtet sind, wegfal-

---

248 Ostendorf, LB-JGG, S. 57 Rn. 53; Mann, S. 16.

249 Abgeordnetenhaus Berlin, Drucksache 16/ 13899, S. 1; siehe auch Deppe, in: Kriminalistik 1994, 123 (124): „Zeitlich verspätete staatliche Sanktionen haben dann meist nicht zu einer Unterbrechung der kriminellen Karrieren geführt, sondern diese Täter verübten weitere Straftaten und steigerten sich sogar in den Deliktsformen".

250 Mann, S. 20.

251 Mertens, S. 31.

252 „Dieser Lernprozess findet in einem gesellschaftlichen Umfeld statt", so Böhm/ Feuerhelm, § 1 S. 2.

253 Pfeiffer, S. 96.

len, Institutionen nicht (ausreichend) eingebunden werden oder eine Beschleunigung 'um jeden Preis' avisiert wird, ist ernst zu nehmen und bedarf der Erörterung. Begünstigt wird diese Annahme für das vereinfachte Jugendverfahren durch den Umstand, dass der Gesetzgeber mit § 78 III S. 1 JGG eine Abweichung von Verfahrensvorschriften eröffnet, welche Verfahrensschritte zum Zwecke der Beschleunigung allerdings ausgespart werden können, nicht ausdrücklich normiert. Auch die StPO und das JGG normieren keine 'Beschleunigungsgrenzen'.

a. Beschleunigte Verfahrensdurchführung versus Rechtsverkürzung

Bedenken gegen eine beschleunigte Verfahrensdurchführung lassen sich mit einer pauschalen, zeitlichen Untergrenze für das (Jugend-)Strafverfahren nicht ausräumen. In Abhängigkeit zum Verfahrensgegenstand und -umfang bedarf es einer Einzelfallprüfung. Stets ist von den Verfahrensbeteiligten danach zu fragen, ob sich die Rechtssache für eine beschleunigte Verfahrensdurchführung eignet.

Einschränkung erfährt die Verfahrensbeschleunigung im vereinfachten Jugendverfahren durch § 78 III S. 1 a.E. JGG, wonach eine Abweichung von Verfahrensvorschriften nur möglich ist, soweit die Erforschung der Wahrheit nicht beeinträchtigt wird. Benötigt die Sachverhaltsaufklärung oder die Ermittlung der materiellen Wahrheit mithin mehr Zeit, tritt die beabsichtigte Verfahrensbeschleunigung hinter die Wahrheitserforschungspflicht zurück. Die Wahrheitserforschungspflicht hat stets Vorrang und kann eine beschleunigte Verfahrensdurchführung hemmen bzw. die Rechtsanwender auf das formelle Anklageverfahren verweisen. Trotz der Beschleunigungsabsicht dient das vereinfachte Jugendverfahren primär der Wahrheitsfindung[254], daher findet die Verfahrensbeschleunigung ihre Schranke in dem übergeordneten Ziel der Wahrheitsfindung. Obgleich sowohl die Beschleunigungs- als auch die Wahrheitserforschungspflicht im Rechtsstaatsprinzip wurzeln, besteht kein normatives Konkurrenzverhältnis.

Das Rechtsstaatsprinzip garantiert dem Beschuldigten das Recht auf ein justizförmiges und faires Strafverfahren.[255] Hierin wurzelt auch ein zeitli-

254 Schaffstein, in: MschrKrim 1978, 313 (317); Krumm, in: NZV 2010, 68 (69).
255 Grzeszick, in: Maunz/Dürig, Komm. z. GG, Band III, Art. 20 Rn. 144.

ches Minimum, dass der Betroffene etwa benötigt um seine Mitwirkungs- und Verteidigungsrechte auszuüben. Das Rechtsstaatsprinzip berechtigt die staatlichen Stellen zur beschleunigten Verfahrensdurchführung, begrenzt sie aber zugleich.[256] Wodurch die Ambivalenz des Rechtsstaatsprinzips deutlich wird.

Im vereinfachten Jugendverfahren und im Neuköllner Modell kann zudem als „untere zeitliche Grenze“[257] auf Art. 6 III lit. b EMRK zurückgegriffen werden.[258] Jede angeklagte Person hat nach Art. 6 III lit. b EMRK das (bedingungslose) Recht, ausreichende Zeit und Gelegenheit zur Vorbereitung ihrer Verteidigung zu erhalten. Art. 6 III lit. b EMRK erstreckt sich entgegen dem verwendeten Terminus „angeklagte Person“ auf das gesamte Verfahren, d.h. auch auf das Ermittlungsverfahren.[259] Für das vereinfachte Jugendverfahren bedeutet dies vor allem die frühzeitige Einbindung der JGH nach § 38 II S. 1 JGG[260] und der Erziehungsberechtigten, das Recht jederzeit rechtlichen Beistand hinzuziehen zu können und diesem ausreichende Vorbereitungszeit einzuräumen. Dort wo Spannungsverhältnisse auftreten können, insbesondere mit Blick auf die Abweichung von Verfahrensvorschriften, ist erhöhte Sorgfalt geboten, denn die dem vereinfachten Jugendverfahren innewohnende Verfahrensbeschleunigung hat zur Folge, dass der Jugendliche im Vergleich zum förmlichen Anklageverfahren weniger Zeit hat, um sich mental und in rechtlicher Hinsicht auf die mündliche Verhandlung vorzubereiten. Diese Verkürzung der Verfahrensdauer ist aber das Wesen des vereinfachten Jugendverfahrens. Das vereinfachte Jugendverfahren ist kein Verfahren, das auf die Schutzbereichs- oder Rechtsverkürzung des Delinquenten gerichtet ist. Der Verfahrensbeschleunigung liegt auch kein strafschärfendes Element zugrunde. Mit einer beschleunigten Verfahrensdurchführung soll dem Delinquenten mithin kein 'Strafübel' zugefügt werden. Auch soll nicht jedes delinquente (passagere) Verhalten aufgewertet und zum Verfahrensgegenstand eines vereinfachten Jugendverfahrens gemacht werden. Vielmehr hat der Gesetzgeber dem Rechtsanwender für besonders gelagerte Fallkonstellationen neben

---

256 „Daß zwischen der Aufnahme der Ermittlungen und der rechtskräftigen Aburteilung des Täters ein gewisser Zeitraum vergeht, ist notwendiger Ausdruck eines rechtsstaatlichen Verfahrensablaufs“ Mann, S. 26.

257 Khostevan, S. 32.

258 Zur Anwendbarkeit der EMRK auf das Jugendstrafverfahren Mann, S. 10.

259 BeckOK StPO/Valerius, EMRK, Art. 6 Rn. 41.

260 Rose, in: NStZ 2013, 315 (318).

dem informellen Verfahren und dem förmlichen Anklageverfahren ein weiteres (rechtsstaatliches) Instrument zur Verfügung gestellt.

b. Beschleunigte Verfahrensdurchführung steht im Spannungsverhältnis zum Erziehungsgedanken?

Die erzieherischen Erwägungen werden in der Verfahrensausgestaltung des vereinfachten Jugendverfahrens, insbesondere aber auf der Rechtsfolgenseite, sichtbar. Im vereinfachen Jugendverfahren ergehen keine Strafen im engeren Sinne, sondern „pädagogisch orientierte Maßnahmen“.[261] Gleichwohl führt eine beschleunigte, auf die Erziehung gerichtete Verfahrensdurchführung nicht zwangsläufig zum erwünschten Erziehungsimpuls. Die Sach- und Rechtslage und die Persönlichkeit des Delinquenten muss sich für eine beschleunigte Verfahrensdurchführung eignen. Denkbar sind auch Verfahren, die sich zwar materiell-rechtlich eignen, der Jugendliche aber mit einem 'Mehr an Zeit' besser bedient wäre. Von einer beschleunigten Verfahrensdurchführung ist in diesen Fällen abzusehen. Die Persönlichkeit des Delinquenten sollte stets der Richtwert sein,[262] denn das Verinnerlichen von Rechtskonformität ist ein höchstpersönlicher Prozess.[263] Staatliche Stellen oder Verfahrensformen können die individuelle Einsichtsfähigkeit nicht ersetzen. Die Reflexion des eigenen Handelns, die Erforschung der eigenen Tatmotivation und die Auseinandersetzung mit dem eigenen sozialen Umfeld, diese Prozesse bleiben dem Delinquenten vorbehalten. Sie können zwar durch eine beschleunigte Verfahrensdurchführung begünstigt werden, in anderen Konstellationen erfordern eben jene Prozesse aber mehr Zeit.[264] Daher kann der Erziehungsgedanke auch zur 'Entschleunigung' des Jugendstrafverfahrens zwingen.

---

261 Mann, S. 17.
262 Mann, S. 18.
263 Vgl. Mann, S. 16.
264 Vgl. auch Gabriel, in: Arbeitsstelle für Kinder und Jugend, S. 17.

Zwischenergebnis

Die Beschleunigung ist kein Gebot, welches sich *gegen* den Beschuldigten richtet. Jedermann hat ein subjektives Recht[265] auf eine Verfahrensdurchführung in angemessener Zeit, denn „das Strafverfahren als belastender Eingriff darf nicht länger dauern, als es zur Erforschung der Wahrheit nötig ist".[266] Im Zusammenwirken mit den geeigneten pädagogischen Maßnahmen kann eine beschleunigte Verfahrensdurchführung dazu beitragen, die in § 2 I S. 1 JGG normierten Zielvorgaben zu erreichen. Der Beschleunigungsgrundsatz im Jugendstrafverfahren ist damit kein künstliches, ggf. repressives Konstrukt, einzelner Personen oder Konzepte. Vielmehr ein „fester Bestandteil des deutschen Rechts"[267] und „Jugendverfahren sind ihrer Art nach [...] eilbedürftige Verfahren"[268]. Die Beschleunigung im Jugendstrafverfahren erfährt ihre Begrenzung durch den Erziehungsgedanken und das Rechtsstaatsprinzip. Daher kann der Erziehungsgedanke auch zur 'Entschleunigung' anhalten, sofern die Persönlichkeitsstruktur des Jugendlichen ein 'Mehr an Zeit' im Jugendstrafverfahren erfordert. Von starren Untergrenzen für beschleunigte Verfahren sollte hingegen abgesehen werde.

---

265 Mann, S. 8, 12.

266 Putzke, S. 54; siehe zur besonderen Belastung bei jugendlichen Beschuldigten Mann, S. 10.

267 Mertens, S. 15.

268 Höynck/ Sonnen, in: ZRP 2001, 245 (249).

E. Das Neuköllner Modell

Das Neuköllner Modell als besonders beschleunigtes Jugendverfahren geht nicht auf eine Verwaltungsvorschrift, Richtlinie oder ein Gesetz zurück, sondern beruhte auf einer Arbeitsabsprache. Involviert waren Vertreter der Jugendstaatsanwaltschaft, Jugendgerichtshilfe, Jugendrichter und Ermittlungsbeamte in Berlin, die aus eigenem Antrieb und im Wege einer 'informellen Absprache' nach Möglichkeiten und Lösungsansätzen suchten, das bereits vorhandene Instrument des vereinfachten Jugendverfahrens nach §§ 76 ff. JGG effizient an die praktischen Gegebenheiten anzupassen.[269] Die Ausweitung des Neuköllner Modells erfolgte sukzessive und benötigte insgesamt ca. zweieinhalb Jahre um sich im Ansatz zu institutionalisieren:

Zeitraum	Bezirk
Ab 1. Januar 2008	Start in den Berliner Polizeiabschnitten 55 und 54;
Ab 1. Juli 2008	Start in der gesamten Polizeidirektion 5;
Ab 1. September 2009	Start in der Polizeidirektion 6;
Ab 1. Januar 2010	Start in der Polizeidirektion 1;
Ab 1. Juni 2010	Start in den Polizeidirektionen 2, 3 und 4.

Von Anbeginn an wurde das Neuköllner Modell medial wahrgenommen und war auf Grund des unkonventionellen Beginns nicht unumstritten. Der Entwicklungsprozess und die kriminalpolitische Zielsetzung des *neuen* Verfahrens wurden in nicht unerheblichen Umfang 'coram publico'[270] erörtert. Ambivalente gesellschaftspolitische Debatten dominierten daher nicht

269 „Ein derartiges Modell von oben, von der Spitze der Behörde her, einzuführen ist viel schwieriger, als wenn das jemand tut, der in der Praxis steht“ Gisela von der Aue, Berliner Senatorin für Justiz und Verbraucherschutz a.D., in: DIE ZEIT N °52/2010, einsehbar unter: http://www.zeit.de/2010/52/Heisig/seite-2 (zuletzt abgerufen am 10. März 2016).

270 Tagesspiegel v. 8. Mai 2011 „Neuköllner Modell wird zum Exportschlager“, einsehbar unter: http://www.tagesspiegel.de/berlin/jugendkriminalitaet-neukoellner-modell-wird-zum-exportschlager/4149098.html (zuletzt abgerufen am 10. März 2016); Berliner Morgenpost v. 7. Juni 2011 „Neuköllner Modell lässt die Zahl der

selten den medialen Informations- und Aufarbeitungsprozess und legten den Gedankenschluss nahe, es handele sich bei dem Neuköllner Modell um eine Antwort auf die heutigen, gegebenenfalls multikulturell begründeten Missstände unserer Gesellschaft.[271] Auch die posthum unter dem kontroversen Titel 'Das Ende der Geduld' veröffentlichte Publikation von Kirsten Heisig verschaffte sich Gehör[272] und diente nicht zuletzt dem Norddeutschen- und dem Bayerischen Rundfunk als Filmgrundlage.[273] Trotz der medialen Teilnahme, die dem Neuköllner Modell entgegengebracht wurde, zeichnete sich eine gewisse Zurückhaltung in der wissenschaftlichen Auseinandersetzung mit dem Themenkomplex ab. Dies überrascht dahingehend, da sich das Neuköllner Modell bereits fest als „spezielle Form des vereinfachten Jugendverfahrens gemäß §§ 76 ff. Jugendgerichtsgesetzes“[274] etabliert hat. Daher ist, in Anlehnung an die bereits aufgezeigten Eigenheiten des vereinfachten Jugendverfahrens nach §§ 76 ff. JGG, an dieser Stelle auf den Verfahrensablauf des Neuköllner Modells

---

Straftaten sinken“, einsehbar unter: http://www.morgenpost.de/berlin/article105010927/Neukoellner-Modell-laesst-Zahl-der-Straftaten-sinken.html (zuletzt abgerufen am 10. März 2016); Spiegel-Online v. 6. April 2010 „Die Jugendrichterin und ihre Laufkundschaft“, einsehbar unter: http://www.spiegel.de/schulspiegel/wissen/berliner-problemkiez-neukoelln-die-jugendrichterin-und-ihre-laufkundschaft-a-687402.html (zuletzt abgerufen am 10. März 2016); vgl. auch Abgeordnetenhaus Berlin, Drucksache 16/ 12954, S. 1: „Das als „Neuköllner Modell“ bezeichnete vereinfachte Jugendverfahren ist ein Erfolg versprechender Baustein bei der Bekämpfung der Jugendkriminalität“; Goeck, Institut für Kriminologie, Universität zu Köln, einsehbar unter: http://www.dvjj-nordrhein.uni-koeln.de/wp-content/uploads/2012/02/Das-Ende-der-Geduld.pdf (zuletzt abgerufen am 10. März 2016).

271 Vgl. zur Problemverdichtung in interkulturellen Städten und der Situation im Berliner Bezirk Neukölln Giffey/ Müller, in: FPR 2011, 435 (436).

272 Frankfurter Allgemeine Zeitung v. 19. November 2014 „Eine Frau verschwindet“, einsehbar unter: http://www.faz.net/aktuell/feuilleton/medien/der-fernsehfilm-ende-der-geduld-im-ersten-13273167.html (zuletzt abgerufen am 10. März 2016); Süddeutsche Zeitung v. 19. November 2014 „Verloren in Neukölln“, einsehbar unter: http://www.sueddeutsche.de/medien/das-ende-der-geduld-in-der-ard-verloren-in-neukoelln-1.2225674 (zuletzt abgerufen am 10. März 2016); DIE ZEIT v. 19. November 2014 „Eine hyperventilierende Frau“, einsehbar unter: http://www.zeit.de/kultur/film/2014-11/ende-der-geduld-kirsten-heisig-film (zuletzt abgerufen am 10. März 2016).

273 Vgl. Pressemitteilung v. 24. Oktober 2014, einsehbar unter: http://www.br.de/presse/inhalt/pressemitteilungen/das-ende-der-geduld-100.html (zuletzt abgerufen am 10. März 2016).

274 Abgeordnetenhaus Berlin, Drucksache 17/ 10092, S. 1.

einzugehen. Beginnend mit der Aufnahme der tatrelevanten Daten durch die Ermittlungsbeamten bis hin zur Zustellung des Urteilstenors an die Jugendstaatsanwaltschaft soll der Verfahrenshergang rekonstruiert werden.

1. Das Modell in der praktischen Umsetzung

Der nachfolgende Verfahrensablauf lässt sich auf das Konzeptpapier[275] von Stephan Kuperion, Jugendrichter am Amtsgericht Tiergarten in Berlin, zurückführen. Dies scheint bis zum heutigen Tage die einzige schriftlich zugängliche[276] Quelle zu sein. Das Konzeptpapier erhebt nicht den Anspruch auf Vollständigkeit und soll im Folgenden – mit ergänzenden Anmerkungen – vorgestellt werden.

Schritt I: Abläufe bei der Polizei

(1) Geeignetheit des Verfahrens

Das Konzeptpapier gibt dem ermittelnden Polizeibeamten eine 'Checkliste' an die Hand und benennt mit einfachen Worten die Voraussetzungen für ein Verfahren nach dem Neuköllner Modell:

(a) Jugendlicher Tatverdächtiger;
(b) Zuständigkeit der Berliner Polizei;
(c) Zuständigkeit der Berliner Staatsanwaltschaft und des Amtsgerichts Tiergarten in Berlin;
(d) einfache Beweislage;
(e) Rechtsfolgenprognose aus der Perspektive des ermittelnden Polizeibeamten:
  (aa) Jugendrichterliche Befassung erforderlich;
  (bb) Keine Jugendstrafe oder Heimunterbringung;
  (cc) Grundsätzlich kein Täter-Opfer-Ausgleich;[277]
(f) Diversion mit niederschwelligen Maßnahmen ist nicht ausreichend, da die Schwere der Verfehlung dem entgegensteht und eine richterliche Befassung nach Einschätzung des Ermittlungsbeamten – unter Berücksichtigung der Subsidiarität – geboten ist;
(g) Der Strafvorgang bringt insgesamt eine besondere Eilbedürftigkeit mit sich. Dies drängt sich bei folgenden Fallgruppen auf:
  (aa) Taten mit Schulbezug;
  (bb) Taten in der Familie;
  (cc) Täter mit einer Vielzahl an Taten als Strafunmündiger;
  (dd) Taten mit Wiederholungsgefahr;
  (ee) Täter mit besonderer Ignoranz gegenüber polizeilichen Maßnahmen;
  (ff) Taten mit fortbestehendem Konfliktpotential;
  (gg) Täter mit Schulversäumnistendenz;
  (hh) Täter aus schwerem kriminellen Umfeld;

275 Siehe hierzu Anlage I: Konzeptpapier für das besonders beschleunigte Verfahren nach dem Neuköllner Modell.

276 Nicht einsehbar waren die Dienstvorschriften der Polizei und die internen Weisungen der Berliner Staatsanwaltschaft.

277 Beispiel für einen Täter-Opfer-Ausgleich im Rahmen des Neuköllner Modells Evaluation, S. 102.

(ii) Gescheiterte Diversion in einem Vorverfahren;
(jj) Gescheiterte Diversion im selben Verfahren.

Die Auflistung der Fallgruppen hat keinen abschließenden Charakter und dient dem Ermittlungsbeamten lediglich als Orientierungshilfe.

Schritt II: Kontaktaufnahme zur Staatsanwaltschaft

Sofern die oben beschriebene Abwägung ein Verfahren nach dem Neuköllner Modell sinnvoll erscheinen lässt, hat der Polizeibeamte den zuständigen Direktionsbeauftragten zu kontaktieren. Die Jugendstaatsanwaltschaft in Berlin hat hierzu aus ihren eigenen Reihen für jede Polizeidirektion einen Direktionsbeauftragten benannt. Beispielsweise koordiniert und begrenzt der Direktionsbeauftragte im Rahmen des Neuköllner Modells den Gegenstand der polizeilichen Ermittlung und verhilft auf Grund des frühzeitigen Austauschs zu einer treffsicheren rechtlichen Einordnung.

Maßgebend für die Zuständigkeit der Direktionsbeauftragten ist der Wohnort des auf dem POLIKS-Vordruck an erster Stelle genannten Jugendlichen.

Stellt sich für den Ermittlungsbeamten im Lauf der Vorgangsbearbeitung heraus, dass eine Sonderzuständigkeit vorliegt, weil etwa der Beschuldigte ein strafmündig gewordener, aktiv handelnder Jugendlicher oder Mittäter eines aktiv handelnden Täters ist, erfolgt der Anruf bei dem täterorientierten Dezernenten.[278]

Zweifelt der ermittelnde Polizeibeamte über die Zuordnung des Strafvorgangs – insbesondere über die Frage, ob das informelle Verfahren oder das Neuköllner Modell statthaft ist – findet eine Rücksprache mit dem zuständigen Direktionsbeauftragten statt. Die Rücksprache kann unabhängig von dem Verfahrensstadium bereits vor der Vernehmung des Beschuldigten erfolgen. Neben einer fernmündlichen Fallschilderung kann der Ermittlungsumfang abgesteckt werden, denn der ermittelnde Polizeibeamte ist im Neuköllner Modell gehalten, schnellstmöglich die Vorgangsbearbeitung abzuschließen. Die Vernehmung der notwendigen Zeugen und des Beschuldigten erfolgt daher innerhalb weniger Tage durch telefonische Ladung der Zeugen sowie einer beschleunigten kriminalistischen Sachbearbeitung.

Stimmt der Direktionsbeauftragte dem Vorschlag des Polizeibeamten zu, benennt er zugleich die zuständige Abteilung, den Abteilungsleiter, die Geschäftsstelle und das Dienstgebäude der Jugendstaatsanwaltschaft. Wird der Vorschlag auf Entscheidung im Antragsverfahren nach dem Neuköllner Modell durch den Direktionsbeauftragen oder dessen Vertreter abgelehnt, ist der Ermittlungsbeamte zur standardisierten Sachbearbeitung entsprechend der polizeilichen Dienstvorschriften gehalten. Der Polizeibeamte verfasst im Anschluss – auch bei Ablehnung des Vorschlags – einen Vermerk über das Telefonat und legt diesen der Akte bei.

Ist die Vorgangsbearbeitung abgeschlossen, wird der Schlussbericht per Fax an den zuständigen Vertreter der Jugendgerichtshilfe übermittelt. Der Schlussbericht ist mit einem deutlichen Hinweis auf der ersten Seite (Vermerk oder Vorblatt) versehen, dass es sich gemäß Absprache mit der Jugendstaatsanwaltschaft um ein Verfahren nach dem Neuköllner Modell handelt. Zudem ist die Telefonnummer des Beschuldigten anzugeben, damit die Jugendgerichtshilfe ggf. telefonisch zum Gespräch laden kann.

Der Ermittlungsbeamte hat für jede Direktion einen Diversions- und/oder Jugendbeauftragten als Ansprechpartner, die auch im Rahmen des Neuköllner Modells einbezogen werden. Die Diversions- und Jugendbeauftragten sind Polizeibeamte mit einer bereichsspezifischen Beratungs- und Empfehlungskompetenz. Denn obschon der Ermittlungsbeamte das Neuköllner Modell für statthaft hält, ist er gehalten, einen Prüfvermerk mit einer Kopie des Ermittlungsberichtes an die Jugend- bzw. Diversionsbeauftragten seiner Direktion zu übermitteln. Hierdurch wird sichergestellt,

278 Die staatsanwaltschaftliche Zuteilung erfolgt in diesen Fällen personengebunden, d.h. derselbe Staatsanwalt ist (immer wieder) für einen intensiv aktiven Jugendlichen zuständig.

dass der Ermittlungsbeamte den Vorrang des informellen Verfahrens in ausreichendem Maße berücksichtigt.
Für den Aktentransport zur Staatsanwaltschaft bedient sich der Ermittlungsbeamte bereits beanspruchter Kuriere oder Polizeibeamten, die etwa als Zeugen im Berliner Kriminalgericht geladen sind. Die Umgehung des herkömmlichen Postweges führt zu einer zusätzlichen Zeitersparnis. Die zu übergebenden Akten sind – unter Angabe des Dienstgebäudes – bereits an die zuständige Abteilung der Jugendstaatsanwaltschaft adressiert. Damit entfällt die obligatorische Zu- und Verteilung über die zentrale Eingangsstelle der Berliner Staatsanwaltschaft.

Schritt III: Verfahrensablauf bei der Staatsanwaltschaft

Nachdem der Direktionsbeauftragte der Durchführung im Neuköllner Modell zugestimmt hat, werden die Akten an den innerhalb der Abteilung zuständigen Jugendstaatsanwalt weitergeleitet. Beim zuständigen Jugendstaatsanwalt erfolgt eine erneute – von der Vorentscheidung des Direktionsbeauftragen losgelöste – Prüfung des Antragsverfahrens. Der zuständige Jugendstaatsanwalt ist nicht an die Vorentscheidung des Direktionsbeauftragten gebunden. Folglich könnte der zuständige Jugendstaatsanwalt an dieser Stelle eine förmliche Anklage erheben oder etwa auf das informelle Verfahren hinwirken. Stimmt der zuständige Jugendstaatsanwalt der Verfahrensform hingegen zu, hat er die Antragstellung möglichst zeitnah zu veranlassen und den zuständigen Vertreter der Jugendgerichtshilfe über die beabsichtigte Antragstellung beim Jugendgericht – in der Regel per Telefax – zu benachrichtigen.

Schritt IV: Verfahrensablauf beim Jugendgericht

Da der Vorgang im Neuköllner Modell besonders gekennzeichnet[279] ist, wird die Rechtssache bei der zentralen Eingangsstelle (Eingangsregistratur) des Berliner Kriminalgerichts beschleunigt behandelt.[280] Die Markierung führt dazu, dass eine tagesaktuelle Eintragung erfolgt, die Akte wird somit vorgezogen und am Eingangstag erfasst. Im Rahmen der Eintragung werden die Daten des Delinquenten in das gerichtliche Informationssystem eingepflegt, das Aktenzeichen wird vergeben, und der zuständige Jugendrichter ermittelt. Die Akte wird nun mit der gebotenen Beschleunigung an den zuständigen Jugendrichter übermittelt.
Es folgt eine Prüfung durch den Jugendrichter, ob im Antragsverfahren nach dem Neuköllner Modell entschieden werden kann und soll. Ist dies der Fall, ist die Terminierung schnellstmöglich zu veranlassen, d.h. ohne Erklärungs- und Ladungsfrist nach §§ 201, 217 StPO. Angestrebt wird im Neuköllner Modell ein Zeitfenster von drei bis vier Wochen nach der Tat, wobei die Verwirklichung nicht selten mit der Freiwilligkeit des Jugendrichters „steht und fällt".[281]
Im Nachgang zur mündlichen Verhandlung verfasst der Jugendrichter eine schriftliche Mitteilung des Verfahrensausgangs. Die Diversions- und Jugendbeauftragten der jeweiligen Direktion werden hiervon in Kenntnis gesetzt. Hierbei wird ein bereits der Akte beigelegter Rückmeldebogen verwendet, sodass der Jugendrichter nur noch das Aktenzeichen der Staatsanwaltschaft und des Gerichts einzutragen und das Ergebnis zu vermerken hat. Eine Übersendung des schriftlichen Urteils oder des endgültigen Einstellungsbeschlusses erfolgt nur auf Anforderung des Diversions- und Jugendbeauftragten.
Wird das Verfahren durch Urteil beendet, ist der Jugendrichter gehalten, eine Zustellung des Urteilstenors an die Jugendstaatsanwaltschaft zu veranlassen. Wurde ein Rechtsmittelverzicht des

279 Die Akte wird mit einem gelben Etikett mit der Aufschrift 'NKM' gekennzeichnet.

280 Frenzel, in: ZJJ 2011, 70 (71).

281 Frenzel, in: ZJJ 2011, 70 (71) „Das Neuköllner Modell steht und fällt mit einer Art Selbstverpflichtung der Richter, unmittelbar nach Eingang des Antrags eine mündliche Verhandlung durchzuführen [■■■]".

Delinquent oder seiner gesetzlichen Vertreter bereits in der mündlichen Verhandlung erklärt, wird lediglich der Urteilstenor per Telefax an den Hauptabteilungsleiter für Jugendsachen übersandt. Eine (ggf. dem vereinfachten Jugendverfahren anhaftende) verkürzte Urteilsabfassung erfolgt beim Verfahren nach dem Neuköllner Modell in der Regel nicht. Allerdings kann der Jugendrichter nach §§ 267 IV StPO, 54 JGG von einer Beweiswürdigung absehen, wenn sowohl die Jugendstaatsanwaltschaft als auch der Delinquent auf die Einlegung von Rechtsmitteln verzichten.

2. Modellbeschreibung und Abgrenzung

Mit dem Neuköllner Modell wurde der Versuch unternommen mit Hilfe von Bündelung, Ergänzung und Anpassung der vorgefundenen Organisations- und Zuständigkeitsbestimmungen ein abstrakt-generelles Instrument zu präzisieren und an die regionalen Anforderungen anzupassen. Die Initiatoren beleuchten sowohl die Institutions- und Behördenstruktur, als auch die vorhandenen Kapazitäten und legen mit dem oben Dargelegten einen Verfahrensablauf vor, der die zur Verfügung stehenden Ressourcen effizienter nutzbar machen soll. Schwerpunkt der Überlegung ist eine (engere) Zusammenarbeit der Behörden und Institutionen, eine Reduktion des Ermittlungsaufwandes- und der Kosten durch frühzeitige Absprache und Koordination sowie eine signifikante Verkürzung der Verfahrenswege. Das Neuköllner Modell sieht hierzu die bereichsübergreifende Zusammenarbeit und Einbindung von kleinen Einheiten bei der polizeilichen Vorgangsbearbeitung, die Einführung neuer Verfahrensabläufe, Ernennung von personifizierten Ansprechpartnern auf staatsanwaltschaftlicher Ebene und die regionale richterliche Zuständigkeit vor. Erwähnenswert scheint hier auch die personifizierte Zustellung der Vorgänge sowie die Vorgangskennzeichnung bei der Übersendung an das Gericht, mit deren Hilfe der interne Zu- und Verteilungsprozess verkürzt werden kann.

Insgesamt ist jedoch das dem Verfahren zugrundeliegende Leitbild, d.h. 'Entschlackung und Straffung' des Verfahrens zugunsten einer beschleunigten Verfahrensdurchführung kein Novum, denn „es gibt im Anwendungsbereich des vereinfachten Jugendverfahrens diverse Projekte[282], die durch gesonderte Organisationsregelungen und generelle Verfahrensabsprachen zu einer weiteren Verfahrensbeschleunigung führen soll[en]

282 Vgl. zum Bochumer Modells bei erwachsenen Tatverdächtigen, Ernst S. 148, 152; Münsteraner Modellprojekt (sog. B-Verfahren) bei Mehrfach- und Intensivtätern Khostevan, S. 19; zum Bamberger Modell, Schmidt, in: ZJJ 2014, 31 (32); D/S/S- Schatz, § 76 Rn. 8 m.w.N. zu den unterschiedlich angelegten Projekten in den Ländern.

[...]".[283] Mit dem Neuköllner Modell wurde daher auch kein grundlegend neues Verfahren geschaffen.[284] Vielmehr „handelt es sich um den Versuch, ein vom Jugendgerichtsgesetz [...] klar geregeltes Verfahren in geeigneten Einzelfällen zu optimieren und insbesondere zu beschleunigen".[285]

Das Neuköllner Modell mit seinem originären Verfahrensgang lediglich als 'Katalysator' des vereinfachten Jugendverfahrens zu verstehen, wäre jedoch nicht ganz zutreffend. Denn anders als bei dem vereinfachten Jugendverfahren nach §§ 76 ff. JGG kommt dem Ermittlungsbeamten im Rahmen des Neuköllner Modells eine verfahrensprägende Rolle zu.[286] Der Ermittlungsbeamte hat im besonders beschleunigten Verfahren nach dem Neuköllner Modell zu Beginn der Vorgangsbearbeitung die Geeignetheit der Sachlage zu erkennen und kraft des ihm durch die Absprache zugestandenen Vorschlagsrechts das besonders beschleunigte Verfahren nach dem Neuköllner Modell im Falle der Geeignetheit einzuleiten. Diese zentrale Verfahrensfigur ist dem vereinfachten Jugendverfahren gemäß §§ 76 ff. JGG fremd. Das vereinfachte Jugendverfahren nach §§ 76 ff. JGG richtet sich an den Jugendstaatsanwalt und setzt mithin die abgeschlossene polizeiliche Vorgangsbearbeitung voraus. Eine frühzeitige, das Verfahren beschränkende oder lenkende Absprache während der polizeilichen Vorgangsbearbeitung ist beim vereinfachten Jugendverfahren nach §§ 76 ff. JGG nicht vorgesehen.

Es wird mithin sichtbar, dass mit dem Verfahrensablauf nach dem Neuköllner Modell die Vorgaben aus den §§ 76 ff. JGG beibehalten werden. Eine mit dem Neuköllner Modell angestrebte Verfahrensverkürzung ist da-

---

283 Reisenhofer, Jugendstrafrecht in der anwaltlichen Praxis, S. 154 Rn. 264 m.w.N.

284 „Das Neuköllner Modell ist im Grunde die strukturelle und noch schnellere Umsetzung einer seit Jahrzehnten im Jugendgerichtsgesetz festgeschriebenen Regelung" Müller, S. 188.

285 Abgeordnetenhaus Berlin, Drucksache 16/ 13899, S. 1; vgl. auch Abgeordnetenhaus Berlin, Drucksache 16/ 14370, S. 1.

286 Kritisch hierzu Frenzel, in: ZJJ 2011, 70 (72): „so verfestigt das Neuköllner Modell, wie schon bei der *„Polizeidiversion"* die Verfahrensherrschaft der Polizei, denn es ist zunächst der Polizeisachbearbeiter, der zu bewerten hat, für welche Verfahrensart der Jugendliche geeignet oder nicht geeignet ist. [...] Die Polizei ist für eine solche Aufgabe aber nicht ausgebildet und es ist auch nicht ihre Aufgabe. Die Handreichungen und notwendigen Schulungen verkomplizieren den polizeilichen Alltag, und das angesichts einer allseits beklagten Personalknappheit. Aufwand und Ertrag stehen in keinem Verhältnis – insbesondere, wenn man bedenkt, dass die Personalressourcen bei den Ermittlungen der schweren Jugendkriminalität unzureichend erscheinen".

her nicht mit einer Rechtsverkürzung gleichzusetzen. Die informelle Absprache, die dem Neuköllner Modell zugrunde liegt, betrifft daher lediglich den Verfahrensablauf und die Verfahrensausgestaltung. Es ist die Verabredung in bestimmten Verfahren – unter Berücksichtigung der gesetzlichen Anforderungen – in bestimmter Weise zu verfahren. Mithin modifizieren oder bedingen die neuen Verfahrensbausteine weder die materiellrechtlichen, noch die prozessualen Voraussetzungen des vereinfachten Jugendverfahrens. Damit ist festzuhalten, dass die Rechtsgrundlage und die Verfahrensvoraussetzungen auch im Neuköllner Modell unmittelbar den §§ 76 ff. JGG zu entnehmen sind.[287] Zugleich wird das Verfahren mit den zusätzlichen Verfahrensbausteinen und den veränderten Organisations- und Zuständigkeitsbestimmungen ausgefüllt und weitergedacht.

287 „Das besonders beschleunigte Verfahren kann nur durchgeführt werden, wenn die Voraussetzungen des vereinfachten Jugendverfahrens nach dem Jugendgerichtsgesetz gegeben sind“ Abgeordnetenhaus Berlin, Gisela von der Aue, Plenarprotokoll 16/ 49, S. 4509.

F. Gerichtsinterne Durchsetzung des Neuköllner Modells

„Deshalb haben wir uns bemüht, dem Präsidium des Gerichts, das letztlich über die Zuständigkeiten einzelner Abteilungen entscheidet, einen neuen Vorschlag zu unterbereiten“.[288]

Mit dem Konzeptpapier von Kuperion wurde der praktische Verfahrensteil des Neuköllner Modells sichtbar. Der – für Außenstehende oftmals – nicht sichtbare Prozess der gerichtsinternen Implementierung des Neuköllner Modells ging dem sichtbaren Teil jedoch vor und schaffte zugleich die Grundlage. Das Neuköllner Modell knüpft zum Zeitpunkt seiner Entstehung an den Geschäftsverteilungsplan des Amtsgerichts Tiergarten in Berlin an und etabliert ein Verteilungssystem, welches eine lokale bzw. regionale Bezogenheit des Jugendrichters vorsieht. Das o.g. Zitat beinhaltet mithin zwei Elemente, die für das Verständnis des Neuköllner Modells unabdingbar sind. Angesprochen ist der Grundsatz des gesetzlichen Richters aus Art. 101 I S. 2 GG und der Geschäftsverteilungsplan.

I. Der Grundsatz des gesetzlichen Richters

Der Grundsatz des gesetzlichen Richters wird in Art. 101 I S. 2 GG mit wenigen Worten beschrieben. § 16 S. 2 GVG greift den Wortlaut erneut auf.[289] Der verhaltene Ausdruck: 'Niemand darf seinem gesetzlichen Richter entzogen werden' enthält die Garantie: „Nur der gesetzlich vorgesehene, nicht ein beliebiger berufener Richter darf Recht sprechen“.[290] Der Grundsatz des gesetzlichen Richters trägt somit ein einklagbares Versprechen in sich, dass lediglich der gesetzlich vorgesehene und im Vorfeld bestimmte Richter die Rechtssache verhandeln darf. Geschützt wird der Rechtssuchende, bzw. der in Verantwortung gezogene Mensch. Sachfremde Erwägungen, die eine Richterauswechselung oder eine besondere Zuweisung von Verfahren bezwecken könnten, werden durch Art. 101 I S. 2

288 Heisig, S. 178.
289 Vgl. auch § 173 S. 1 VwGO.
290 Kunig, in: v. Münch/ Kunig, GGK II, Art. 101 Rn. 1.

GG verhindert.[291] Der gesetzliche Richter wird jedoch nicht durch die Landesparlamente oder den Deutschen Bundestag bestimmt.[292] Lediglich die Richterplanstellen finden ihren Niederschlag im Haushalt, vgl. § 27 DRiG i.V.m. §§ 17 V, 49 BHO.[293]

II. Implementierung des gesetzlichen Richters

Der Grundsatz des gesetzlichen Richters wird durch den Geschäftsverteilungsplan verwirklicht.[294] § 21 e I S. 1 GVG beinhaltet somit einen gesetzlich normierten Konkretisierungsauftrag.

Durch jenes Planungsinstrument wird der abstrakt gehaltene Grundsatz konkret-individuell ausgestaltet. Er bestimmt das Tätigkeitsgebiet jedes einzelnen Richters, indem er die Besetzung der Spruchkörper festsetzt. Das Planungsinstrument findet seine Grenzen bei den gesetzlichen Zuständigkeiten im engeren Sinne und der gesetzlichen Geschäftsverteilung. Im Rahmen des Geschäftsverteilungsplans ist es unzulässig, die Anzahl der Kammern, Abteilungen oder Spruchkörper neu auszuzeichnen.[295] Während die Berufung, Bestimmung und Formung grundsätzlich eine Aufgabe des Gesetzgebers ist, obliegt dem Geschäftsverteilungsplan die Aufgabe der Besetzung. Somit greift der Geschäftsverteilungsplan auf die durch Gesetz bestellten Spruchkörper, Kammern und Dezernate zurück. Eine Neubesetzung oder Bestimmung von Spruchkörpern, Kammern oder Dezernaten kann es durch den Geschäftsverteilungsplan – aufgrund entgegenstehender Kompetenzen – nicht geben.[296] Dem Geschäftsverteilungs-

---

291 Kunig, in: v. Münch/ Kunig, GGK II, Art. 101 Rn. 3; BVerfG, Beschl. v. 12. Mai 2005 – 2 BvR 332/05, NStZ-RR 2005, 279 (280).

292 „Naturgemäß können […] nicht alle Regeln über den im konkreten Einzelfall zuständigen Richter unmittelbar im Gesetz selbst getroffen werden; das ist schon wegen der Vielzahl der Rechtswege, Gerichte, Spruchkörper und Richter, der unterschiedlichen Geschäftslast der Gerichte nicht möglich, vor allem auch, weil diese Umstände naturgemäß in fortwährender Veränderung begriffen sind" Kissel/ Mayer, Kommentar zum GVG, § 21 a Rn. 2 f.

293 Vgl. auch § 27 DRiG i.V.m. § 49 BHO wonach eine Ernennung nur erfolgen kann, wenn zuvor eine Planstelle ausgewiesen wurde.

294 Kunig, in: v. Münch/ Kunig, GGK II, Art. 101 Rn. 3; Kissel/ Mayer, Kommentar zum GVG, §§ 21 a Rn. 1, 21 e Rn. 4; Krey, Band 1, § 3 Rn. 95.

295 Kissel/ Mayer, Kommentar zum GVG, § 21 e Rn. 13.

296 Für die Neubesetzung der Spruchkörper ist z.B. auf Bundesebene gem. §§ 130 II GVG, 66 II PatG das Bundesministerium für Justiz zuständig und für die Gerich-

plan sind folglich von „vornherein bestimmte Daten vorgegeben, die nicht zu seiner Disposition stehen (Zahl und Art der Spruchkörper, der Richter, der Aufgaben); es hat zu verteilen, nicht selbst zu gestalten, seine Tätigkeit ist streng akzessorisch“.[297] Damit steht der Geschäftsverteilungsplan in Abhängigkeit zu den gesetzlichen Zuständigkeiten und der gesetzlichen Geschäftsverteilung.

III. Der Geschäftsverteilungsplan

Der Geschäftsverteilungsplan hat die Aufgabe, den in der Verfassung kodifizierten Schutzanspruch in die Justiz hineinzutragen. Dem Einzelnen wird somit eine verbindliche, nach objektiven Kriterien bestimmte und verlässliche Zuteilung der Geschäfte gewährleistet. Der Geschäftsverteilungsplan könnte als „Brücke zwischen den gesetzlichen Zuständigkeiten und der als Richter amtierenden Personen“[298] verstanden werden.

1. Rechtsnatur

Die Rechtsnatur des Geschäftsverteilungsplans ist im Ergebnis umstritten. Strittig ist dabei, ob der Geschäftsverteilungsplan als Akt der Rechtsprechung, als Justizverwaltungsakt oder als Rechtsvorschrift einzuordnen ist.[299] Von Bedeutung ist die Bestimmung der Rechtsnatur für die Rechtsdogmatik, aber vor allem auch für den Rechtsschutz und der Frage des statthaften Rechtsbehelfs.[300] Das gilt zum einen für den internen[301] als auch für den externen Rechtsschutz.[302] Der Bayerische Verfassungsgerichtshof setzte sich in einer frühen Entscheidung mit den unterschiedli-

---

te des Landes Berlin kommt den Gerichtspräsidenten eine entscheidende Rolle zu, vgl. § 5 AGGVG Bln, GVBl. 1992, 73.

297 Kissel/ Mayer, Kommentar zum GVG, § 21 e Rn. 13.

298 Kunig, in: v. Münch/ Kunig, GGK II, Art. 101 Rn. 37.

299 BVerwG, Urteil v. 28. November 1975 – VII C 47/73, NJW 1976, 1224; BVerfG, Beschl. v. 25. Februar 1964 – 2 BvR 411/61, NJW 1964, 1019.

300 Schröder, in: DRiZ 2006, 291 (294).

301 BVerfG, Beschl. v. 25. Februar 1964 – 2 BvR 411/61, NJW 1964, 1019; BVerwG, Urteil v. 28. November 1975 – VII C 47/73, NJW 1976, 1224.

302 BayVerfGH, Entscheidung v. 6. August 1985 – Vf. 13-VII/84, NJW 1986, 1673.

chen Ansätzen auseinander.[303] Zwar sei die Tätigkeit im Präsidium ein Bestandteil der richterlichen Tätigkeit,[304] der Geschäftsverteilungsplan als solches lasse sich aber nicht als Rechtsprechungsakt einordnen. Auch kann in dem Geschäftsverteilungsplan kein Justizverwaltungsakt gesehen werden, da es bei dem Präsidium bereits an der Behördenstruktur fehlt.[305]

Dem ist zuzustimmen, denn die Behördenähnlichkeit ist in zweierlei Hinsicht zu verneinen: Zusammensetzung und Tätigkeit. Die Zusammensetzung des Präsidiums orientiert sich an den vorhandenen Richterplanstellen und geht zumeist aus einer geheimen allgemeinen Wahl hervor.[306] Die Präsidiumstätigkeit und damit auch die Erarbeitung des Geschäftsverteilungsplans ist ein Bestandteil der richterlichen Tätigkeit, ein „Akt der gerichtlichen Selbstverwaltung“[307], allerdings keine spruchrichterliche Tätigkeit. Die Einordnung als Rechtsvorschrift erscheint irreführend. Maßgebend wäre der abstrakt-generelle Charakter des Geschäftsverteilungsplans, der an die abstrakt-generelle Normgestaltung erinnert. Zu thematisieren wäre demnach, ob dem Geschäftsverteilungsplan eine Außenwirkung zukommt, da dieser sich primär an das innere Gerichtsgefüge richtet und den Einzelnen nicht unmittelbar einbezieht. Hier ist zu berücksichtigen, dass die gerichtsinterne Geschäftsverteilung „nicht nur innerorganisatorische Bedeutung“[308] hat, sondern in der Außenwirkung den jeweiligen Spruchkörper festlegt und bei einer Fehlbesetzung auch in den Rechtskreis des Bürgers eingreifen kann. Im Ergebnis ist wohl von einer heterogenen Rechtsnatur auszugehen, aufgeteilt in einen internen Organisationsakt[309] und einer abstrakt-generellen Rechtsnormqualität (objektive Geschäftsverteilung) nach außen.[310]

---

303 BayVerfGH, Entscheidung v. 6. August 1985 – Vf. 13-VII/84, NJW 1986, 1673 (1674).

304 Kissel/ Mayer, Kommentar zum GVG, § 21 a Rn. 7.

305 Stelkens/ Clausing, in: Schoch/ Schneider/ Bier, Kommentar zur VwGO, Band I, § 4 Rn. 83.

306 Kissel/ Mayer, Kommentar zum GVG, § 21 a Rn. 9.

307 Stelkens/ Clausing, in: Schoch/ Schneider/ Bier, Kommentar zur VwGO, Band I, § 4 Rn. 82.

308 Zimmermann, in: Münchener Kommentar zur ZPO, Band 3, § 21 e GVG Rn. 7.

309 Zur individualrechtlichen Subjektivierung Kloepfer, in: JZ 1979, 209 (213).

310 Zimmermann, in: Münchener Kommentar zur ZPO, Band 3, § 21 e GVG Rn. 6; Zur Eröffnung des Verwaltungsrechtswegs BVerwG, Urteil v. 28. November 1975 – VII C 47/73, NJW 1976, 1224 (1225); zur verwaltungsgerichtlichen Normenkontrolle Schröder, in: DRiZ 2006, 291 (294).

2. Das Gerichtspräsidium

Erstellt und auf den Weg gebracht wird der Geschäftsverteilungsplan vom Gerichtspräsidium. Beschreiben lässt sich das Gerichtspräsidium als „eigenständiges, gewähltes oder nach dem Plenarprinzip zusammengesetztes, kollegial verfasstes, weisungsfreies Rechtspflegeorgan eigener Art“.[311] Das Gesetz bestimmt in § 21 a I GVG für jedes Gericht eine Präsidiumspflicht, unabhängig von Eigenart, Größe und Spezialität des Gerichts.

Der Gerichtspräsident ist kraft Gesetzes ein festes Mitglied, § 21 a II GVG.[312] Die weitere Zusammensetzung steht in Abhängigkeit zu den vorhandenen Richterplanstellen, vgl. § 21 a II Nr. 1 bis 5 GVG. Leitgedanke ist hier die Funktionsfähigkeit des Präsidiums, daher ist der anzulegende Maßstab in § 21 a II GVG festgelegt:[313]

Größenordnung des Gerichts	Anzahl der zu wählenden Präsidiumsmitglieder
8 bis 19 Richterplanstellen	4°
20 bis 39 Richterplanstellen	6°
80 und mehr Richterplanstellen	8°

Die Präsidiumsmitglieder sind Richter, die ihrerseits von Richtern gewählt werden. Weil die Mitwirkung im Präsidium keine neue[314] oder andere Tätigkeit ist, wirkt die richterliche Unabhängigkeit fort. Ein Abstreifen der Verpflichtung oder das Absprechen der Berechtigung wäre unzulässig, vgl. §§ 21 a II Nr. 5, 21 b GVG. Die Wahlberechtigung und Wahlpflicht geht mit der Ernennung einher.[315] Konkret bedeutet das für die Zusammensetzung: Im Präsidium treffen Richter aus unterschiedlichen Besoldungsstufen, Rechtsgebieten, Kammern und Spruchkörpern zusammen. Es ist nicht fernliegend, wenn jeder gewählte Richter die Belange seines Spruchkörpers repräsentiert und als Transmitter dessen fungiert. Letztlich wäre aber eine unmittelbare Interessenvertretung mit der richterlichen Unabhängigkeit nicht vereinbar.

---

311 Kissel/ Mayer, Kommentar zum GVG, § 21 e Rn. 2.

312 KK-Diemer zum GVG, § 21 b Rn. 3.

313 Umfassend Kissel/ Mayer, Kommentar zum GVG, § 21 a Rn. 10 ff.

314 „Für den einzelnen Richter ist die Mitwirkung im Präsidium mit dem Richteramt verbunden; sie ist Teil seines Richteramtes“ Kissel/ Mayer, Kommentar zum GVG, § 21 a Rn. 7.

315 KK-Diemer zum GVG, § 21 a Rn. 5.

Das Präsidium kommt entweder als Plenar-Präsidium oder im Wege des Repräsentativprinzips zusammen. Ersteres ist nicht gewählt und umfasst alle wählbaren Richter des Gerichts einschließlich des Gerichtspräsidenten.[316] Dieses System greift nur dann, wenn die Richterplanstellen einen gewissen Umfang nicht überschreiten. Umfasst sind davon Gerichte mit einer personellen Besetzung von einer bis zu sieben Richterplanstellen.[317] Im Rahmen des Repräsentativprinzips wird das Präsidium demokratisch legitimiert, vgl. § 21 II Nr. 1 bis 4 GVG. Die Wahl des Präsidiums richtet sich nach § 21 b GVG und ist unmittelbar und geheim. Das Wahlsystem legt die Wahlordnung für die Präsidien der Gerichte v. 19. September 1972 fest.[318] Jedoch hat der Gesetzgeber mit § 21 b III GVG den Ländern eine Öffnungsklausel normiert, sodass die Länder andere Wahlsysteme vorsehen können.

Zwischenergebnis

Soll die richterliche Zuständigkeit geändert werden, geschieht dies im Geschäftsverteilungsplan. Hierbei dürfen die Vorschriften der örtlichen und sachlichen Zuständigkeit weder abbedungen noch modifiziert werden. Legen die Initiatoren des Neuköllner Modells dar, sie haben „dem Präsidium des Gerichts, einen neuen Vorschlag unterbreitet", dann ist der rechtliche Anknüpfungspunkt eben hier zu verorten.

IV. Die Verteilungssysteme

Die Zerstreuung der Geschäftsaufgaben – die nach den Vorschriften über die örtliche und sachliche Zuständigkeit dem Gericht zugewiesen werden – vollzieht und koordiniert das Verteilungssystem.[319] Dem Gerichtspräsidium stehen verschiedene Verteilungssysteme zur Verfügung. Welches Verteilungssystem dem Gericht zu Grunde gelegt wird, steht im Ermessen des Präsidiums, denn „je nach Art und Größe des Gerichts können sich

316 Kissel/ Mayer, Kommentar zum GVG, § 21 a Rn. 10.
317 Kissel/ Mayer, Kommentar zum GVG, § 21 a Rn. 11.
318 BGBl. I S. 1821, zuletzt geändert am 19. April 2006, BGBl. I S. 866.
319 Kissel/ Mayer, Kommentar zum GVG, § 21 e Rn. 150.

ganz unterschiedliche Systeme und ihre Mischformen anbieten".[320] Im Folgenden werden die gängigen Verteilungssysteme vorgestellt. In einem zweiten Schritt wird auf die Besonderheit des sog. Regionalisierungsprinzips als bevorzugtes Verteilungssystem für das Neuköllner Modell eingegangen.

1. Verteilung nach Buchstaben

Entscheidet sich das Präsidium für die Vergabe nach Buchstaben, dann richtet sich die Verteilung der Rechtssachen nach dem Anfangsbuchstaben des Beschuldigten. Richter, Spruchkörper oder Kammer sind dann für einen bestimmten Buchstabenzuschnitt zuständig.[321] Hierbei hat das Gerichtspräsidium im Vorfeld den exakten Richtwert zu bestimmen. Der Geschäftsverteilungsplan hat zunächst zwischen dem Vor- und Nachnamen zu differenzieren und etwaige Zusätze (van, von, zu, al, el, d′) zu berücksichtigen. Bei Doppelnamen hat das Präsidium im Vorfeld schriftlich darzulegen, auf welchen Teil des Namens abgestellt wird. Auch der Fall einer gemeinschaftlichen Tatbegehung muss durch das Präsidium erfasst werden. Das Präsidium hat festzulegen, auf welchen Tatverdächtigen im Falle einer Mittäterschaft abzustellen ist. Neben den natürlichen Personen sind Firmen, Gesellschaften, Anstalten, Stiftungen oder andere juristische Personen im Verteilungssystem zu berücksichtigen. Die sog. Buchstabenverteilung hat sich gerade bei Gerichten mit hohen Eingangszahlen bewährt.[322]

2. Verteilung nach Sachgebieten

Der Verteilung nach Sachgebieten liegt eine Prognoseentscheidung zugrunde. Diese muss verlässlich zum Ausdruck bringen, welche Deliktsgruppe einschlägig ist. Die Zuständigkeit der Richter ist hier sachgebietsbezogen. Der Geschäftsverteilungsplan ordnet die berufenen Richter etwaigen Deliktsabschnitten zu. Bei genauerem Hinsehen erscheint dieses Verteilungssystem problematisch, da die rechtliche Einordnung des Sach-

320 Kissel/ Mayer, Kommentar zum GVG, § 21 e Rn. 150.
321 Schröder, in: DRiZ 2006, 291.
322 Kissel/ Mayer, Kommentar zum GVG, § 21 e Rn. 150.

verhalts zugleich die richterliche Zuständigkeit begründet. Erfolgt die rechtliche Würdigung des Sachverhalts fehlerhaft oder wird im weiteren Verfahrensverlauf ein anderer Tatvorwurf festgestellt, verändert dies in der Regel auch die sachgebietsbezogene, richterliche Zuständigkeit.

3. Turnus/ Rotationssystem

Vereinfacht ausgedrückt lässt sich der Turnus (auch Rotationssystems genannt) mit einer rotierenden Zufallsverteilung gleichsetzen.[323] Die Verteilung koordiniert und überwacht ein (Computer-)System. Ziel ist es, die Verteilung der Rechtssachen allein nach den bereits verbrauchten und noch zur Verfügung stehenden richterlichen Kapazitäten (sog. Pensen) vorzunehmen.[324] Bezweckt wird eine gleichmäßige Geschäftsverteilung. Jedem Richter kommt kraft seiner Berufung ein gewisses Pensum zu, welches durch das Personalbedarfsberechnungssystem (PEBB§Y) in Maßeinheiten umgerechnet wird. Gliedert man die Berufung der Jugendrichter im Land Berlin und die Bereitstellung innerhalb eines Bezirks in Ober- und Unterverteilung, wäre mit dem Turnus letzteres betroffen.[325] Im Rahmen der Geschäftsverteilung werden die berufenen Richter zunächst einem Bezirk zugeteilt (Oberverteilung). Die Unterverteilung betrifft somit die konkrete Zuteilung der Eingänge innerhalb der Bezirkszuweisung. Erfolgt nun die Verteilung der Neuverfahren nach dem Rotationsprinzip, ist die in der Anklage angegebene Anschrift des Beschuldigten für die Unterverteilung maßgebend. Innerhalb der Unterverteilung rotiert das System gleichförmig nach dem 'Gießkannenprinzip'. Das Rotationsprinzip führt beim Amtsgericht Tiergarten in Berlin zu folgendem Ablauf:

> *„Die in der Eingangsstelle [...] eingehenden Neueingänge werden mit einem Eingangsstempel, aus dem der Tag des Eingangs in der Eingangsstelle ersichtlich ist, sowie einer täglich mit 1 beginnenden fortlaufenden Ziffer (Ordnungsziffer) versehen und anschließend der räumlich getrennten Zentralen Eingangsregistratur zugeleitet. Die Eingangsregistratur verteilt dann die Eingänge nach Sachgebieten und nach Turnuskreisen unter Beibehaltung der durch die Ordnungsziffervergabe bestimmten Reihenfolge auf die im jeweiligen Sachgebiet und Turnuskreis tätigen Abteilungen in der aufsteigenden Rei-*

---

323 Schröder, in: DRiZ 2006, 291.

324 Kissel/ Mayer, Kommentar zum GVG, §§ 21 e Rn. 154; Schröder, in: DRiZ 2006, 291.

325 Kissel/ Mayer, Kommentar zum GVG, §§ 21 e Rn. 154.

> *henfolge der Ordnungsziffern. Die Verteilung beginnt jeweils bei der Abteilung mit der niedrigsten Nummer und nach Durchlaufen der Abteilungen eines Sachgebiets erneut bei der Abteilung mit der niedrigsten Nummer. Bei der Verteilung wird dabei der Turnus an der Stelle fortgesetzt, an dem er am Vortag geendet hat. Sind nach dem Besonderen Teil des Geschäftsplans den Abteilungen insgesamt bzw. in einzelnen Turnuskreisen reduzierte Pensen zugewiesen, so werden diese Abteilungen bei der Zuteilung nicht mehr berücksichtigt, wenn ihr Anteil erfüllt ist".*[326]

Das Amtsgericht Tiergarten sieht im Falle der sog. dreifachen Altfallregelung eine Abweichung vom vorbezeichneten Ablauf. Die Zuweisung der Rechtssache erfolgt sodann manuell und personenbezogen. Insbesondere in Jugendsachen ist diese Durchbrechung von Bedeutung.

a. Dreifache Altfallregelung (1)

Befindet sich der Delinquent im Strafverfahren, d.h. die Erledigung ist noch nicht eingetreten, und geht eine erneute Strafsache ein, wird die Rotationsverteilung, sofern der Jugendliche weiterhin im gleichen Bezirk ansässig ist und keine gemeinschaftliche Tatbegehung im Raum steht, durchbrochen. Hierzu führt der Geschäftsverteilungsplan folgendes aus:

> *„Ist [...] ein weiteres Verfahren gegen denselben Angeschuldigten (identischer Name, Vorname und Geburtsdatum in der neuen Anklage) anhängig (Altverfahren), so wird diese Abteilung auch für alle danach eingehenden Verfahren, soweit es sich um Schöffen- und Einzelrichteranklagen sowie Strafbefehlsanträge [...] handelt, zuständig [...] sie gilt nicht für die erweiterten Schöffengerichte und sie gilt nur dann, wenn sowohl in dem Altverfahren als auch in dem zu verteilenden Neuverfahren jeweils nur eine Person beschuldigt ist".*[327]

b. Dreifache Altfallregelung (2)

Die zweite Fallkonstellation betrifft die Fallgruppe der vorläufigen Einstellung nach § 47 I Nr. 2 und Nr. 3 JGG. Der Jugendstrafrichter kann nach § 47 I Nr. 2, Nr. 3 JGG das Verfahren vorläufig einstellen und dem Jugendlichen eine Frist setzen, binnen er den verhängten Auflagen oder Weisun-

---

326 Geschäftsverteilungsplan Amtsgericht Tiergarten 2013, S. 3 f.

327 Geschäftsverteilungsplan Amtsgericht Tiergarten 2013, S. 4.

gen nachzukommen hat. Geht in diesem Zeitfenster ein erneutes Verfahren ein, wird von einer rotierenden Zuweisung abgewichen und die neu eingegangene Rechtssache wird dem Jugendrichter zugewiesen, der die vorläufige Einstellung nach § 47 I Nr. 2, Nr. 3 JGG veranlasst hatte.

c. Dreifache Altfallregelung (3)

Wenn die Vollstreckung der Jugendstrafe zur Bewährung (§ 21 JGG) oder die Verhängung der Jugendstrafe ausgesetzt wird (§ 27 JGG) und im Aussetzungszeitrahmen ein erneutes Verfahren eingeht, wird von der 'Reihum-Verteilung' abgesehen, das Neuverfahren wird dem Jugendrichter zugewiesen, der bereits involviert war.

Abgesehen von den vorstehenden Ausnahmeregelungen kommt dem Turnus eine vollumfängliche und nicht nur punktuelle, an eingangsstarken Bezirken orientierte, Anwendung zu. Der Turnus ist für die Jugendgerichtsbarkeit des Amtsgerichts Tiergarten heute die Regel.[328]

4. Regionalisierungsprinzip

Im Amtsgericht Tiergarten richtet sich die richterliche Bezirkszuständigkeit in Jugendsachen nach der in der Anklage angegebenen Anschrift des Beschuldigten.[329] Die örtliche bzw. sachliche Zuständigkeit wird durch das Regionalisierungsprinzip mit der richterlichen Zuständigkeit verbunden. Es entsteht eine richterliche Zuständigkeit innerhalb eines Stadtteils, Bezirks oder einer Region. Jedem Jugendrichter wird daher im Rahmen des Geschäftsverteilungsplans eine vorher festgelegte – beispielsweise anhand von Postzustellbezirken – abgegrenzte Region zugewiesen. Die Konsequenz: sofern der Jugendliche erneut strafrechtlich in Erscheinung tritt und die Rechtssache von der Jugendstaatsanwaltschaft an das Jugendstrafgericht weitergeleitet wird, ist ein und derselbe Jugendrichter (immer wieder) zuständig.

Von dem Grundsatz der Regionalisierung von richterlichen Zuständigkeiten gibt es unvermeidbare Unterbrechungen. Die Ausweisung der Richter im Geschäftsverteilungsplan für den jeweiligen Bezirk ist von den Ein-

---

328 Stand: August 2015.

329 Geschäftsverteilungsplan Amtsgericht Tiergarten 2013, S. 6.

gangszahlen des Vorjahrs abhängig. Eine Zu- oder Abnahme an Eingangszahlen in dem jeweiligen Bezirk kann somit dazu führen, dass die Richter im Zuge der Geschäftsverteilung zwischen den Bezirken rotieren müssen. Eine personelle Bezogenheit zur Region wäre immer nur für das laufende Geschäftsjahr gewährleistet.

Beispiel: Der Geschäftsplan für das Jahr 2014 für das Amtsgericht Tiergarten wird im Oktober 2013 aufgestellt. In dem zugrundeliegenden Rechenbeispiel orientiert sich die Bemessungsgrundlage anhand der letzten Jahreshälfte in 2012 und der ersten Jahreshälfte in 2013. Maßgeblich für die Unterverteilung der Jugendstrafrichter auf die einzelnen Bezirke sind somit die Eingangszahlen der Jugendstrafsachen innerhalb des jeweiligen Bezirks im letzten Geschäftsjahr. Kommt es zu einem Einbruch der Eingangszahlen innerhalb eines Bezirks, sind diese bei der Geschäftsverteilung für das Jahr 2014 zwingend zu berücksichtigen.

Zwingend ist dies zu berücksichtigen, da die Kommission für Fragen der Personalbedarfsberechnung (Untergruppe der Justizministerkonferenz der Länder) mit PEBB§Y ein bundeseinheitliches Berechnungssystem erstellt hat.[330] Möchte ein einzelnes Gericht von den Berechnungseinheiten abweichen, ist dies nicht ohne sachlichen Grund möglich. Etwaige regionale Besonderheiten berücksichtigt PEBB§Y selbst. Abweichungen von den regulären Bemessungsgrundlagen sieht das Berechnungssystem beispielsweise in Form von (Zeit-)Zuschlägen vor. Dies kann bei einem Übersetzungsvorgang der Fall sein, da der Richter zwangsläufig mehr Zeit aufwenden muss. Liegt kein Zuschlagstatbestand vor, orientiert sich die Anzahl der zu berufenden Richter im jeweiligen Bezirk allein an den Eingangszahlen des Vorjahres.

---

330 Vgl. Erarbeitung eines Systems der Personalbedarfsberechnung, S. 39, einsehbar unter: http://www.thueringen.de/imperia/md/content/text/justiz/pebbsyi/endgutachten-pebb__yi-final.pdf (zuletzt abgerufen am 10. März 2016); Endgutachten v. Deloitte 2005: Erarbeitung eines Systems der Personalbedarfsberechnung, einsehbar unter: http://www.jum.baden-wuerttemberg.de/pb/site/jum/get/documents/jum1/JuM/import/justizministerium%20baden-württemberg/pdf/en/Endgutachten%20PEBB§Y%20Fach.pdf (zuletzt abgerufen am 10. März 2016); zur Fortschreibung 2014 der Basiszahlen zur Personalbedarfsbemessung für die ordentliche Gerichtsbarkeit und die Staatsanwaltschaften, Gutachten von PricewaterhouseCoopers, einsehbar unter: https://www.neuerichter.de/fileadmin/user_upload/bundesvorstand/pdfs/PEBBSY_2015-04-10_Hauptband.pdf (zuletzt abgerufen am 10. März 2016).

5. Verteilungssystem im Berliner Amtsgericht Tiergarten

Dem Neuköllner Modell lag das Regionalisierungsprinzip zugrunde. Der Turnus wurde von der Mitinitiatorin des Neuköllner Modells, Kirsten Heisig, kritisch betrachtet.[331] Beabsichtigt wurde eine unmittelbare Bezogenheit von Richter, Region und Delinquent, die mit dem Turnus nicht realisiert werden konnte.

Bereits im Jahre 2008 beeinflusste das Konzept des Neuköllner Modells den Geschäftsverteilungsplan des Amtsgericht Tiergartens für die Jugendgerichtsbarkeit. Für die Jugendgerichtsbarkeit sah der Geschäftsverteilungsplan im Kalenderjahr 2008 für den Bezirk Neukölln eine regionale Bezogenheit des Jugendrichters vor. Die Region wurde in Postleitzahleneinzugsgebiete unterteilt. Die Mitinitiatorin Heisig war im Geschäftsverteilungsplan 2008 des Amtsgerichts Tiergarten für den Bezirk Neukölln mit den Postzustellungsbezirken 12049 und 12053 zuständig.[332] Die restlichen Postzustellungsbezirke wurden auf die für den Bezirk Neukölln berufenen Jugendrichter aufgeteilt. Insgesamt waren für den Bezirk Neukölln im Kalenderjahr 2008 fünf Jugendrichter berufen. Neben dem Bezirk Neukölln organisierte sich im Kalenderjahr 2008 auch der Bezirk Reinickendorf anhand des Regionalisierungsprinzips. Alle anderen Bezirke bedienten sich der Buchstabenverteilung. Insgesamt lag dem Amtsgericht Tiergarten ein Mischsystem zugrunde.

Die nachfolgende Tabellarische Auflistung soll die Wahl der Verteilungssysteme im Amtsgericht Tiergarten in Berlin für die Jugendgerichtsbarkeit in den Kalenderjahren 2009 bis 2013 aufzeigen.

Verteilungssysteme des AG Tiergarten in Berlin Jugendgerichtsbarkeit	
Kalenderjahr 2009	Im Geschäftsjahr 2009 wurde das Regionalisierungsprinzip auf den Bezirk Tempelhof und Köpenick ausgedehnt.[333] Die restlichen Bezirke bedienten sich weiterhin der Buchstabenverteilung. Eine Verteilung im Turnus erfolgt im Geschäftsverteilungsplan 2009 nicht.

331 Heisig, S. 178.

332 Geschäftsverteilungsplan Amtsgericht Tiergarten 2008, S. 53.

333 Aus dem Bezirk Köpenick betrifft es lediglich den Postzustellbezirk 12459, vgl. Geschäftsverteilungsplan Amtsgericht Tiergarten 2009, S. 64.

Kalenderjahr 2010	Im Geschäftsverteilungsplan für das Kalenderjahr 2010 findet sich eine Mischform. Die regionale Zuständigkeit der Richter und die Buchstabenverteilung gehen in einander über.[334] Die regionale richterliche Zuständigkeit wurde nicht ausgedehnt. Im Kalenderjahr 2010 wurde im Rahmen des Geschäftsverteilungsplans erstmals von dem Turnus Gebrauch gemacht.[335]
Kalenderjahr 2011	In den Bezirken Marzahn-Hellersdorf, Charlottenburg-Wilmersdorf, Tempelhof-Schöneberg sowie den Teilbezirken Reinickendorf, Wedding und Lichtenberg erfolgt die Verteilung der Geschäfte ausschließlich im Turnus. Das Regionalisierungsprinzip findet kaum noch Anwendung. Einzige Ausnahme stellt der Teilbezirk Neukölln dar. Allerdings findet sich auch in Neukölln nur noch eine Mischform, sodass innerhalb der Postzustellbezirke 12045 und 12051 die Verteilung im Turnus erfolgt.[336] Durch die Bezirksgebietsreform in Berlin kommt es zu einer richterlichen Zuständigkeit für die ehemaligen Teilbezirke. Neben dem Turnus und der temporären Teilbezirkszuständigkeit findet sich in Spandau, Pankow und Kreuzberg die Buchstabenverteilung.
Kalenderjahr 2012	Im Geschäftsverteilungsplan für das Jahr 2012 umfasst der Turnus die Bezirke: Marzahn-Hellersdorf, Friedrichshain-Kreuzberg, Tempelhof-Schöneberg, Charlottenburg-Wilmersdorf, Treptow-Köpenick. Die Verteilung in den Teilbezirken Reinickendorf, Pankow, Mitte, Spandau, Lichtenberg einschließlich Neukölln erfolgen ebenfalls im Rotationssystem. Es findet sich neben dem Turnus kein weiteres Verteilungssystem.
Kalenderjahr 2013	Auch in dem Geschäftsverteilungsplan 2013 setzte sich das Rotationsprinzip durch. In Berlin werden die Neuverfahren nun ausschließlich im Turnus auf die für den Bezirk berufenen Jugendrichter verteilt.

Zwischenergebnis

Im Ergebnis lässt sich bei der Durchsicht der Geschäftsverteilungspläne festhalten: die regionale Bezogenheit des Richters im Jugendstrafverfah-

334 Zur Veranschaulichung: Richter X aus dem Bezirk Neukölln hat die Zuständigkeit für die Postzustellbezirke 12057, 12055 und P, Q, R aus 12049.

335 Vgl. hierzu Geschäftsverteilungsplan Amtsgericht Tiergarten 2010, S. 60, 62.

336 Ausschließliche Verteilung im Regionalisierungsprinzip im Bezirk Neukölln mit den Postzustellbezirken: 12055, 12059, 12355, 12359, 12057, 12347, 12349, 12351, 12353, 12357, 12043, 12047, 12049, 12053.

ren konnte sich nicht auf andere Bezirke ausweiten und wurde auch in Neukölln schrittweise aufgegeben. Das Rotationsprinzip setzte sich hingegen durch. In ihrer Publikation greift die Mitinitiatorin Heisig diese nunmehr eingetretene Entwicklung auf: „es taucht auch immer wieder das Gerücht auf, man könnte für die Jugendrichter generell einen Turnus einführen. Danach bekämen dann alle Richter innerhalb ihres Bezirks in einem anonymisierten Verteilungsverfahren die gleiche Anzahl Akten. Eine Bezogenheit zu einem Kiez wäre damit eingeschränkt“.[337] Für das Neuköllner Modell ist die lokale Bezogenheit des Jugendrichters von Bedeutung. Die regionale Zuständigkeit ermöglicht und erleichtert den Umgang mit den Verfahrensbeteiligten. Gemeinsam mit der bereits regionalisierten Jugendgerichtshilfe und der abschnittsgebundenen Zuständigkeit der Polizeibeamten entstand mit dem Regionalisierungsprinzip eine wiederkehrende (Personen-)Einheit, die eine besonders beschleunigte Verfahrensdurchführung förderte.

Das Ziel, durch das Verteilungssystem eine ausgewogene Zuweisung der Geschäfte herbeizuführen, erscheint im Hinblick auf die begrenzten Ressourcen nachvollziehbar. Geringste regionale Disparitäten können bei einer lokalen Bezogenheit des Jugendrichters im laufenden Geschäftsjahr die Arbeitsverteilung erheblich erschweren. Das Regionalisierungsprinzip ist für den einzelnen Richter in solchen Fallkonstellationen mit mehr und teilweise ungleich verteiltem Arbeitsaufwand verbunden. Der Turnus führt zu einer gleichmäßigen Geschäftsverteilung im Bezirk und beugt einem Ungleichgewicht vor. Ein Ungleichgewicht, das entstehen kann, wenn örtliche Veränderungen im Postzustellbezirk auftreten. Dies kann im Einzelfall ein Sportverein, Jugendtreff oder eine Schule sein. Da sich die Eingangszahlen im laufenden Geschäftsjahr nur schwer erfassen lassen, kann das Auftreten von örtlichen Veränderungen zu einer disparaten Verteilung der Aufgaben führen. Nachdem die Sache in der Geschäftsstelle eingegangen ist, ist eine nachträgliche Verlagerung auf einen Richterkollegen, der in seinen Postzustellbezirken womöglich nicht so viele Eingänge zu verzeichnen hat, mit dem Grundsatz des gesetzlichen Richters nicht vereinbar. Eine einmal begründete richterliche Zuständigkeit kann nach Eingang der Rechtssache nicht wegen einer drohenden Arbeitsbelastung geändert werden. Eine nachträgliche Entlastung ist grundsätzlich nur für die Zukunft möglich, wohl aber mit einem erhöhten Aufwand verbunden. Der

---

337 Heisig, S. 178.

Turnus bewährt sich demgegenüber auch bei unvorhersehbaren regionalen Ereignissen stets mit einer gleichförmigen Verteilung.

G. Evaluation

Die Hochschule für Wirtschaft und Recht in Berlin[338] wurde mit einem Forschungsauftrag am 31. Mai 2013 von der Berliner Senatsverwaltung für Justiz und Verbraucherschutz mit der Evaluation des Neuköllner Modells beauftragt.[339] Der Gegenstand des Forschungsauftrags lässt sich wie folgt zusammenfassen:

> *„Ziel der Evaluation ist es, Erkenntnisse zur Praxis sowie zur Akzeptanz und Wirksamkeit des „Neuköllner Modells" zu gewinnen. Es soll untersucht werden, ob das Konzept flächendeckend umgesetzt wird, ob es für das Erreichen der angestrebten Ziele – vor allem jenes der Verfahrensbeschleunigung bzw. der „schnellen" Sanktion – geeignet ist und wo ggf. Schwachstellen bestehen. Gleichzeitig soll durch einen Vergleich mit den konkurrierenden Verfahren, insbesondere der Diversion und dem „normalen" Jugendverfahren, untersucht werden, welche Auswirkungen das „Neuköllner Modell" auf die Jugendgerichtsbarkeit hat und welche Taten und Tatpersonen durch das Konzept erfasst werden. Ergänzend soll auch erforscht werden, ob sich durch die Umsetzung des Neuköllner Modells die Qualität der Zusammenarbeit zwischen den Verfahrensbeteiligten insgesamt verbessert hat. In methodischer Hinsicht beinhaltet die Evaluation u.a. eine Analyse von Verfahrensakten und Statistiken sowie Interviews mit Verfahrensbeteiligten und mit betroffenen jugendlichen Straftäterinnen und Straftätern".*[340]

Im Vorfeld wurde über die Notwendigkeit einer wissenschaftlichen Untersuchung im Berliner Abgeordnetenhaus rege debattiert.[341] Erste Versuche zur wissenschaftlichen Begleitung des Neuköllner Modells lassen sich auf die FDP-Fraktion im Berliner Abgeordnetenhaus zurückführen. Die FDP-Fraktion forderte mit Antrag v. 14. April 2010 den Senat zur wissenschaft-

---

338 Projektgruppe: Prof. Dr. Claudius Ohder, Dr. Helmut Tausendteufel und Sarah Vig, Fachbereich 5 – Polizei und Sicherheitsmanagement.

339 Abgeordnetenhaus Berlin, Drucksache 17/ 12542, S. 1.

340 Abgeordnetenhaus Berlin, Drucksache 17/ 12542, S. 1.

341 Anfrage des Abgeordneten Sven Rissmann, Abgeordnetenhaus Berlin, Drucksache 16/ 12954, S. 1; Antrag der FDP-Fraktion v. 14. April 2010, Abgeordnetenhaus Berlin, Drucksache 16/ 3137; Beschlussempfehlung des Berliner Ausschusses für Verfassungs- und Rechtsangelegenheiten, Immunität und Geschäftsordnung v. 18. Mai 2011 zum Antrag der Fraktion FDP, Abgeordnetenhaus Berlin, Drucksache 16/ 4167; Kleine Anfrage v. 27. November 2009, Abgeordnetenhaus Berlin, Drucksache 16/ 13899.

lichen Begleitung und Auswertung des Neuköllner Modells auf. Der Antrag drängt auf die wissenschaftliche Untersuchung folgender Fragestellungen:

1. *„Dauer der Verfahren im Neuköllner Modell im Vergleich zu den Verfahren ohne Neuköllner Modell,*
2. *Beteiligung der Institutionen an den einzelnen Verfahren im Neuköllner Modell,*
3. *Altersstruktur, Bildungsstand, soziale und ethnische Herkunft der Jugendlichen,*
4. *verübte Straftaten,*
5. *ausgesprochene Sanktionen und Strafen im Vergleich zu den Verfahren ohne Neuköllner Modell,*
6. *Rückfallquote im Vergleich zu den Verfahren ohne Neuköllner Modell und*
7. *eventuelle Minder- oder Mehrkosten im Vergleich zu den Verfahren ohne Neuköllner Modell“.*[342]

Der Antrag wurde mit Beschluss v. 18. Mai 2011 abgelehnt.[343] Der Berliner Ausschuss für Verfassungs- und Rechtsangelegenheiten, Immunität und Geschäftsordnung lehnte den Antrag mit den Stimmen der Fraktionen SPD und Die Linke gegen die Stimmen der CDU- und FDP Fraktionen – und bei Enthaltung von Bündnis 90/Die Grünen – ab.[344] Da eine Stellungnahme des Berliner Ausschusses für Bildung, Jugend und Familie unterblieb, war der Ausschuss für Verfassungs- und Rechtsangelegenheiten, Immunität und Geschäftsordnung gem. § 32 II S. 5 GO Abghs zur endgültigen Beschlussempfehlung berechtigt.[345] Mit welcher Begründung die Ablehnung erfolgte, ist nur ansatzweise dem Inhaltsprotokoll des Berliner Ausschusses für Verfassungs- und Rechtsangelegenheiten, Immunität und Geschäftsordnung zu entnehmen.[346] Angeführt werden u.a. fehlende Haushaltsmittel und Zweifel über den gewählten Überprüfungszeitraum.

342 Abgeordnetenhaus Berlin, Drucksache 16/ 3137, S. 1.

343 Beschlussempfehlung des Ausschusses für Verfassungs- und Rechtsangelegenheiten, Immunität und Geschäftsordnung v. 18. Mai 2011 zum Antrag der Fraktion der FDP, Abgeordnetenhaus Berlin, Drucksache 16/ 4167.

344 Beschlussprotokoll 16/ 76 Vorgang 0232, Ausschuss für Verfassungs- und Rechtsangelegenheit, Immunität und Geschäftsordnung v. 18. Mai 2011, S. 4.

345 Beschlussprotokoll 16/ 76 Vorgang 0232, Ausschuss für Verfassungs- und Rechtsangelegenheit, Immunität und Geschäftsordnung v. 18. Mai 2011, S. 4.

346 Inhaltsprotokoll 16/ 76 Vorgang 0232, Ausschuss für Verfassungs- und Rechtsangelegenheiten, Immunität und Geschäftsordnung v. 18. Mai 2011, Gisela von der

Der Forschungsauftrag des Berliner Senators für Justiz und Verbraucherschutz, Thomas Heilmann, leitete mithin einen politischen Richtungswechsel ein, ohne die thematische und kriminalpolitische Zielsetzung des Antrags der FDP-Fraktion wesentlich abzuändern. Von Bedeutung ist die Reichweite der Evaluation. Grundsätzlich obliegt die Fachaufsicht über die Kriminal- und Schutzpolizei der Senatsverwaltung für Inneres und Sport. Überraschend ist daher, dass sich der vorliegende – von der Senatsverwaltung für Justiz und Verbraucherschutz veranlasste – Forschungsauftrag auch auf die polizeiliche Vorgangsbearbeitung erstreckt.

Die Verfasser legten einen umfangreichen Ergebnisbericht vor, der in seinen wesentlichen Grundzügen und in der gebotenen Kürze vorgestellt und anschließend gewürdigt werden soll. Freilich kann und soll nicht auf alle untersuchten Belange eingegangen werden. Neben den theoretisch-empirischen Grundlagen des vereinfachten Jugendverfahrens wird im Rahmen der Untersuchung auch die konkret-individuelle Implementierung – im Zusammenhang mit den organisatorischen und kriminologischen Rahmenbedingungen – betrachtet.[347] Zudem wird die Beschleunigung als tragendes Element der Verfahrensform und dessen unmittelbare Auswirkung auf die Verfahrensbeteiligten erörtert.[348] Auch die Kooperation der am Neuköllner Modell Beteiligten wurde spezifiziert.[349] Den Schwerpunkt

Aue, S. 3: „Eine von Abg. Dr. Kluckert vorgeschlagene Evaluierung könne das deutliche Ansteigen der beschleunigten Verfahren insgesamt nicht erfassen; dieses habe sich in den letzten Jahren verdoppelt und sei damit ein positiver Nebeneffekt. Den Ansatz, den einige Richter, Staatsanwälte und Polizei gewählt hätten, habe auch das Instrumentarium des beschleunigten Verfahrens wieder stärker ins Bewusstsein der Zuständigen gerufen, sodass es auch stärker genutzt werde. Sie teile auch die Bedenken hinsichtlich der Fragestellung nach der ethnischen Gruppe oder der gesellschaftlichen Schicht. Sinn und Zweck sei, durch eine Beschleunigung den pädagogischen Effekt der Reaktion auf eine Regel- überschreitung herzustellen. Gleichzeitig müsse der finanzielle Aufwand berücksichtigt werden; die Mittel seien im Haushalt nicht ohne Weiteres vorhanden. Auch gebe es die Überlegung, inwieweit der Zeitpunkt gut gewählt sei. Erst im vergangenen Sommer sei das Modell auf ganz Berlin ausgedehnt worden. Als Rücklauf vom Amtsgericht Tiergarten sei die Auffassung übermittelt worden, dass es im Moment die erwünschte Ausweitung noch nicht gebe, weil insbesondere der Schwerpunkt der Arbeit bei der Polizei liege und dort noch viele Schulungen durchzuführen seien".

347 Evaluation, S. 6.

348 Evaluation, S. 6, 54.

349 Evaluation, S. 6, 108.

der Untersuchung sehen die Verfasser in der Aktenauswertung und der Durchführung der Experteninterviews.[350]

I. Darstellung des Untersuchungsgegenstandes

Betrachtet wird an dieser Stelle zunächst das Untersuchungsergebnis zur heterogenen Implementierung des Neuköllner Modells im Rahmen der Vorgangsbearbeitung auf Bezirks- und Direktionsebene (1), die Frage der feststellbaren Verfahrensbeschleunigung (2), mögliche Bedenken um ein konkurrierendes Verhältnis zur Diversion (3) und letztlich zur Ermittlung der 'richtigen Zielgruppe' (4).

1. Untersuchung zur 'inhomogenen Implementierung'

Um die Frage der flächendeckenden Implementierung beantworten zu können, wurde zunächst das Fallzahlenaufkommen ermittelt. Die Studie kommt zum Ergebnis, dass das Fallzahlenaufkommen, das der Polizeistatistik[351] zu entnehmen ist, von der staatsanwaltschaftlichen statistischen Erfassung abweicht. Gestützt wird diese Annahme auf die 'Sonderauswertung der Generalstaatsanwaltschaft Berlin v. März 2014'.[352] Die vorstehende Sonderauswertung weist für das Kalenderjahr 2013 lediglich 152 durchgeführte Verfahren nach dem Neuköllner Modell aus. In Abweichung dazu wird im Jahresbericht zur Jugenddelinquenz in Berlin das Kalenderjahr 2013 mit 246 Verfahren ausgewiesen.[353] Unbeantwortet bleibt im Rahmen der Untersuchung, warum die 'Sonderauswertung der Generalstaatsanwaltschaft Berlin v. März 2014' eine Differenz von 94 Verfahren anzeigt.

---

350 Evaluation, S. 21.

351 Die Evaluation bezieht sich im Hinblick auf den Begriff der Polizeistatistik auf genutzte Zahlen, die auf einer Zählung der Jugend- und Diversionsbeauftragten in den Berliner Polizeidirektionen beruhen: „Dabei handelt es sich um eine Erledigungsstatistik, bei der die Verfahren und – im Unterschied zu POLIKS – nicht nur die Tatverdächtigen gezählt werden“ Evaluation, S. 33.

352 Die sog. Sonderauswertung der Generalstaatsanwaltschaft v. März 2014 wurde lediglich der Erhebung zur Verfügung gestellt. Eine Einsicht im Rahmen der vorliegenden Forschungsarbeit war nicht möglich.

353 Jugenddelinquenz in Berlin, Jahresbericht 2013, S. 21.

Im Hinblick auf die „inhomogene Implementierung“[354] des Neuköllner Modells kommt die Untersuchung zunächst zu dem Ergebnis, dass „die Verteilung der NKM-Fälle ungleich“[355] sei. 'Ungleich' seien vor allem das Fallzahlenaufkommen auf Abschnitts- und Direktionsebene[356] sowie der Umgang, die Etablierung und die Nutzungsbereitschaft des Neuköllner Modells in der polizeilichen Vorgangsbearbeitung.[357] Um das Maß der Divergenz zu ermitteln, sei allerdings die Tatverdächtigenzahl in den jeweiligen Abschnitten und Direktionen zu berücksichtigen. Auf diese Weise werde den regionalen Disparitäten Rechnung getragen:

> *„[Im Kalenderjahr] 2013 gab es das geringste Aufkommen an NKM-Fällen in der Direktion 3 [Bezirk Mitte] mit 23 Fällen und das höchste in der Direktion 6 [Marzahn-Hellersdorf, Lichtenberg-Hohenschönhausen und Treptow-Köpenick] mit 76*[358] *Fällen. Dies ist zu einem großen Teil auf das unterschiedliche Aufkommen von Fällen mit jugendlichen Tatverdächtigen zurückzuführen. So wurden 2013 in der Direktion 3 1.463 Fälle (Minimum) und in der Direktion 6 mit 2.640 (Maximum) fast doppelt so viele [Verfahren] bearbeitet. Betrachtet man also den Anteil der NKM-Fälle an allen auf der jeweiligen Direktion bearbeiteten Jugendsachen verringern sich die Unterschiede zwischen den Direktionen“.*[359]

Aber auch unter Berücksichtigung der Tatverdächtigenzahl zeige sich die Differenz zwischen den Direktionen deutlich.[360] Indikator sei die unterschiedlich tiefe Verankerung des Verfahrens: „Bereits bei einer oberflächlichen Betrachtung zeichnet sich ab, dass die in Berlin stark divergierenden organisatorischen Rahmenbedingungen der polizeilichen Sachbearbeitung und komplexen Zuständigkeiten wichtige Faktoren für die Umsetzung des NKM sind und zumindest teilweise erklären, warum die Implementierung uneinheitlich ausgefallen ist“.[361]

---

354 Evaluation, S. 74.

355 Evaluation, S. 33.

356 Evaluation, S. 34.

357 Evaluation, S. 35.

358 Die Evaluation weist die in der Direktion 6 erledigten Fallzahlen unter Bezugnahme auf den Jahresbericht 2013 zur Jugenddelinquenz in Berlin mit 76 aus, Evaluation S. 34. Der vorbezeichnete Jahresbericht zählt hingegen 86 Verfahren in der Direktion 6, vgl. Jugenddelinquenz in Berlin, Jahresbericht 2013, S. 20.

359 Evaluation, S. 34.

360 „Die Varianz bei der Anwendung des NKM zwischen den Direktionen und Abschnitten ist erheblich“, vgl. Evaluation, S. 36.

361 Evaluation, S. 36.

2. Untersuchung zur erzielten Verfahrensbeschleunigung

Um das Maß der Beschleunigung zu ermitteln, wird das Neuköllner Modell dem vereinfachten Jugendverfahren gemäß §§ 76 ff. JGG und dem förmlichen Anklageverfahren gegenübergestellt.[362] Dabei wird die Verfahrensdauer jeweils in Abschnitten – Eingang bei der Staatsanwaltschaft[363] bzw. beim Jugendgericht[364] – wiedergegeben. Hervorzuheben ist das Untersuchungsergebnis im Hinblick auf den Beginn der polizeilichen Vorgangsbearbeitung bis hin zur Hauptverhandlung.[365]

Insgesamt wird eine Verfahrensbeschleunigung in allen Verfahrensphasen statistisch nachgewiesen.[366] Insbesondere im Hinblick auf die polizeiliche Vorgangsbearbeitung „[...] reduziert sich die Bearbeitungszeit der Polizei erheblich. Bei den von der Staatsanwaltschaft akzeptierten NKM-Fällen wurde eine durchschnittliche Dauer von 33 Tagen erreicht [...]. Vergleicht man diese Fälle mit den von der Staatsanwaltschaft abgelehnten Fällen, sind die Unterschiede sogar noch deutlicher, da hier die durchschnittliche Bearbeitungszeit bei 60 Tagen liegt".[367] Damit nimmt „in knapp 80% der Fälle [...] die Bearbeitungszeit bis zu 6 Wochen"[368] in Anspruch, in 97% der Fälle bis zu drei Monate. Als zeitintensiv wird die Vernehmung und Befragung eingestuft. Insbesondere die Koordinierung der Termine wird problematisiert, da sich die Ermittlungsbeamten (im Berliner Modell[369]) grundsätzlich im rotierenden Schicht- und Wechseldienst

362 Evaluation, S. 40 f.

363 Evaluation, S. 49.

364 Evaluation, S. 51.

365 „Als Zielvorgabe werden für den Zeitraum zwischen Anzeige und erster Hauptverhandlung 4 – 6 Wochen genannt, tatsächlich liegt der Median für diese Dauer bei den NKM-Verfahren, also solchen Verfahren, die als NKM vorgeschlagen wurden und bei denen tatsächlich eine Hauptverhandlung durchgeführt wurde, bei 57 Tagen, also ca. 8 Wochen. Damit unterscheiden sie sich in ihrer Dauer statistisch signifikant von den normalen Verfahren, d.h. von denen mit formeller Anklageerhebung. Bei diesen Verfahren liegt die Hauptverhandlung durchschnittlich 131 Tage (ca. 19 Wochen) nach der Strafanzeige. Auch hinsichtlich der Gesamtdauer des Verfahrens, d.h. bis zum endgültigen Abschluss, erweisen sich die NKM-Verfahren deutlich kürzer als die formell angeklagten: Erstere dauern durchschnittlich 122 Tage (Median), letztere 263 Tage" Evaluation, S. 106.

366 Evaluation, S. 42.

367 Evaluation, S. 44.

368 Evaluation, S. 45.

369 Siehe hierzu: G.I.Organisation der Berliner Polizei S. 116 ff.

befinden, dies erschwere eine Terminfindung. Neben dem Vorstehenden machen die Verfasser 'den allgemeinen Rückgang der Jugendkriminalität in Berlin' für die erzielten Beschleunigungserfolge verantwortlich. Zwar lasse sich eine konkrete Maßeinheit nicht beziffern, der allgemeine Rückgang der Jugendkriminalität in Berlin sei jedoch als wesentliches Kriterium in die Verfahrensbeschleunigung hineinzulesen.[370]

3. Untersuchung zur Verfahrenskonkurrenz und der Rolle der JGH

Vorbehalte gegenüber dem Neuköllner Modell führen nicht selten ein konkurrierendes Verhältnis zur Diversion an. Mit der Verankerung des Subsidiaritätsprinzips ist das Verhältnis zwar normativ abschließend geregelt. Es stellt sich im Rahmen der Untersuchung jedoch die Frage, ob dies auch den praktischen Gegebenheiten entspricht.[371] Aufgeworfen wird die Frage, ob die Entscheidung für die Durchführung des Neuköllner Modells unmittelbar zulasten des informellen Verfahrens geht. Die Verfasser vergleichen hierzu das statistisch erfasste Fallzahlenaufkommen für die vorangegangenen Kalenderjahre.[372] Dabei lasse sich zwar ein Rückgang der Fallzahlen beim informellen Verfahren feststellen, allerdings sei dieses Ergebnis nicht durch die Ingebrauchnahme des Neuköllner Modells bedingt. Der Rückgang des informellen Verfahrens sei vielmehr durch den 'allgemeinen Rückgang der Jugendkriminalität in Berlin' bedingt.[373] Das Neuköllner Modell sei angesichts der geringen Fallzahlen kein Indikator für die rückläufigen Fallzahlen. Die Befürchtung einer „Umschichtung“[374] vom informellen Verfahren zum Neuköllner Modell oder eines Bedeutungsverlusts des informellen Verfahrens sehen die Verfasser als nicht gegeben.[375] Gleichwohl führen die Verfasser – wenngleich nicht als repräsentativ belastbares Ergebnis – vereinzelt Bedenken befragter Verfahrensbeteiligter an, die sehr wohl ein konkurrierendes Verhältnis zwischen den Verfahrensformen wahrnehmen.[376]

---

370 Evaluation, S. 40.
371 Evaluation, S. 101.
372 Evaluation, S. 101, 40.
373 Evaluation, S. 101.
374 Evaluation, S. 101.
375 Evaluation, S. 101.
376 Evaluation, S. 101.

Neben der möglichen Verdrängung des informellen Verfahrens wurde mitunter die unzureichende Einbindung und Beteiligung der JGH befürchtet.[377] Im Rahmen der Untersuchung wurde der Frage nachgegangen, ob die beschleunigte Verfahrensdurchführung die Arbeitsweise der Jugendgerichtshilfe beeinträchtige. Der Untersuchungsbericht verneint dies im Ergebnis: „In allen [...] durchgeführten Interviews mit Vertretern der Jugendgerichtshilfe heißt es jedoch übereinstimmend, dass mit dem NKM in dieser Hinsicht keine tatsächliche Gefahr verbunden ist. Im Einzelfall mag es zu zeitlichen Engpässen kommen, aber allein aufgrund der geringen Fallzahlen stellt es aus der Sicht der Beteiligten keine nennenswerte, geschweige denn eine strukturelle, Einschränkung des § 43 JGG dar".[378] Auch auf die Erstellung eines schriftlichen Gutachtens sei im Rahmen des Neuköllner Modells – anders als im vereinfachten Jugendverfahren nach §§ 76 ff. JGG – tendenziell nicht verzichtet worden.[379] Insgesamt erhärte sich der Erfolg versprechende Eindruck, da sowohl die grundsätzliche Einbeziehung[380], als auch die zugestandene Bearbeitungszeit[381] der JGH positiv festgestellt wird.[382]

4. Ermittlung des 'richtigen Adressaten'

Untersucht wird an dieser Stelle, ob dem Neuköllner Modell eine bestimmte Zielgruppe zugrunde liegt. Die allgemeinen Bestimmungen zum vereinfachten Jugendverfahren gemäß §§ 76 ff. JGG äußern sich hierzu nicht. Die Verfasser sehen in dem Konzeptpapier von Kuperion eine wesentliche Hilfestellung zur Konkretisierung der Zielgruppe.[383] Dabei ist

377 „So lässt sich zB das sogen Neuköllner Modell als Verlust des Tätigkeitsbereichs der JHilfe zugunsten der Polizei verstehen" Eisenberg, § 78 Rn. 3; vgl. auch Rose, in: NStZ 2013, 315 (318) „Die Qualität der Mitwirkung der Jugendgerichtshilfe bei der Persönlichkeitserforschung des Beschuldigten ist umso mehr gefährdet, je schneller das Verfahren abläuft".

378 Evaluation, S. 100.

379 Evaluation, S. 51.

380 Evaluation, S. 100.

381 Evaluation, S. 50.

382 „Die [...] Mindestbearbeitungszeit der Jugendgerichtshilfe von 3 Wochen [...] wurde in 11 NKM-Verfahren (27 %) erreicht bzw. unterschritten. Lediglich in einem Fall lag die zur Verfügung stehende Bearbeitungszeit unter zwei Wochen", Evaluation, S. 51.

383 Evaluation, S. 67.

unter dem Begriff der Zielgruppe nicht ein nach objektiven Kriterien messbares Täterprofil zu verstehen, das 'ad hoc' zur Durchführung des Neuköllner Modells führt. Die im Konzeptpapier aufgeführten Fallgruppen setzen die mutmaßlich verwirklichte Tat in einen sachlichen und räumlichen Zusammenhang.[384] Eben dieser Tatkontext indiziert die Eilbedürftigkeit und eröffnet den Anwendungsbereich des Neuköllner Modells. Damit folgt die Frage der Zielgruppe weniger aus einem vorgegebenen Straftatenkatalog, als aus den Umständen der Tat.

Kritisch betrachten die Verfasser die aus dem Konzeptpapier hervorgehende Fallgruppe 'Ignoranz gegenüber polizeilichen Maßnahmen'. Diese Fallgruppe fordere vom Jugendlichen ein „respektvolles Verhalten gegenüber Polizei und sonstigen Vertretern staatlicher Autorität“[385] und sei darauf ausgerichtet, „dem Jugendlichen staatliche Grenzen setzende Autorität zu demonstrieren“.[386] Damit etabliere sich der sog. 'renitente Jugendliche'[387] als tauglicher Adressat.[388] Diesen Leitgedanken sehen die Verfasser bereits in der polizeilichen Handreichung zur Umsetzung des Neuköllner Modells aus dem Jahre 2009 verwirklicht.[389] Demnach führe Einsicht und Reue tendenziell zum informellen Verfahren, ein fehlendes oder mangelndes Unrechtsbewusstsein spreche für die Durchführung des Neuköllner Modells. Beanstandet wird an dieser Stelle zu Recht die unzureichende Bestimmtheit dieser Fallgruppe, da lediglich subjektive Empfindungen[390] den sachlichen Kontext der Tat ausfüllen. Die Erforderlichkeit einer einheitlichen und objektiven Regelung drängt sich mithin auf.

II. Expertengespräche

Der Forschungsauftrag v. 31. Mai 2013 sieht Interviews mit betroffenen jugendlichen Straftätern vor,[391] um die pädagogische Wirkung, d.h. den erzieherischen Mehrwert des Neuköllner Modells zu ermitteln. Letztlich

---

384 Vgl. etwa zu Taten mit Schulbezug Evaluation, S. 69; Diebstahl von geringwertigen Sachen bei drohendem Suchtverhalten Evaluation, S. 102.
385 Evaluation, S. 68.
386 Evaluation, S. 68.
387 Evaluation, S. 68.
388 Evaluation, S. 91.
389 Evaluation, S. 68.
390 Evaluation, S. 68.
391 Abgeordnetenhaus Berlin, Drucksache 17/ 12542, S. 1.

fand nur eine Befragung Eingang in die Erhebung.[392] Anders verhält es sich mit den Experteninterviews, denen durchaus ein gewisses Gewicht zukommt. Sieben Gespräche führten die Verfasser mit Polizeibeamten aus verschiedenen Abschnitten in Berlin durch, vier Gespräche mit Vertretern der Berliner Jugendstaatsanwaltschaft, drei Gespräche mit Vertretern der Jugendgerichtshilfe in Berlin und letztlich drei sog. sonstige Experteninterviews.[393] Welche Anforderungen und Eignungskriterien an die Gesprächspartner gestellt wurden, lässt sich der Evaluation nicht abschließend entnehmen. Eine grundsätzliche Überlegung sei es gewesen, „möglichst viele Positionen und Perspektiven“[394] zu berücksichtigen. „Wichtig war zudem, dass bei der Expertenauswahl Unterschiede bei den Rahmenbedingungen für die Umsetzung des NKM abgedeckt wurden. So wurden bspw. gezielt Polizeibeamte der Direktion 2 befragt, da dort – im Unterschied zu den anderen Direktionen – in der Jugendsachbearbeitung das Wohnortprinzip praktiziert wird, von dem anzunehmen war, dass es Einfluss auf die Praxis des NKM hat“.[395] Die konkreten Fragestellungen, die der jeweiligen Befragung zugrunde lagen, gehen aus dem Untersuchungsbericht nicht hervor. Mit Blick auf die Nachvollziehbarkeit und Vergleichbarkeit der durchgeführten Gespräche wäre dies wünschenswert. Als 'roten Faden' gibt die Evaluation lediglich „die Chronologie eines NKM-Verfahrens; mit der Anzeige beginnend und der Sanktion endend“ an.[396]

Die Einbeziehung von Experteninterviews zur Evaluierung des Neuköllner Modells ist zu begrüßen. Diese Vorgehensweise geht auch mit der Entstehungsgeschichte des Neuköllner Modells einher. Waren es noch die Erfahrungswerte einzelner Vertreter, die dieses Konzept eingeleitet haben, erscheint es sinnvoll, im Rahmen einer Auswertung und möglichen Fortentwicklung jene Vertreter, die das Neuköllner Modell letztlich anwenden, mit einzubeziehen. Die durchgeführten Experteninterviews gewähren einen Überblick über Verständnis, Handhabung und praktische Relevanz des Neuköllner Modells in der jeweiligen Berufsgruppe. Gleichwohl ist an

392 Evaluation, S. 22.

393 Der Untersuchungsbericht gibt in der Rubrik sonstige Experteninterviews lediglich die Berufszugehörigkeit der befragten Personen an: Publizist, Diversionsmittler und Schulverwaltung, vgl. Evaluation, S. 22.

394 Evaluation, S. 21.

395 Evaluation, S. 22; siehe zum Wohnortprinzip H.I.Organisation der Berliner Polizei S. 116 f.

396 Evaluation, S. 21.

dieser Stelle auf den subjektiven Charakter der getätigten Äußerungen, denen ggf. divergierende berufsspezifische Interessen zugrunde liegen, hinzuweisen.

1. Verfahrensbeschleunigung?

„Der Beschleunigungsgedanke wird in den Interviews durchgängig positiv eingestuft".[397] Relativiert wird diese positive Kernaussage durch einzelne Befürchtungen, die im Laufe der Experteninterviews erkennbar wurden. Insbesondere sei der grundsätzliche Vorrang von Verfahren nach dem Neuköllner Modell problematisch. Der Prozess des 'vor die Klammer ziehens' sei einerseits obligatorisch, um die beabsichtigte Verfahrensbeschleunigung zu erreichen. Andererseits setze diese Handhabe Jugendrichter und Jugendstaatsanwälte 'unter Zugzwang', Rangverhältnis und Eilbedürftigkeit von Strafverfahren neu zu definieren. Eine mögliche Konsequenz dieser falschen Schwerpunktsetzung: die Liegezeit der Akten von umfangreichen und schwereren Tatvorwürfen erhöhe sich.[398]

2. Pädagogische Wirksamkeit des Neuköllner Modells?

„Im Zentrum der Experteneinschätzungen – zumindest der NKM-Befürworter – steht die These, dass der jugendliche Täter durch das förmliche Verfahren und vor allem durch die Hauptverhandlung nachhaltig beeindruckt wird".[399] Diese Einschätzung wurde im Rahmen der Expertengespräche nicht ausnahmslos geteilt. Zwar gäbe es diesen erzieherischen Mehrwert durch das schnelle Ingangsetzen des Verfahrens, aber es gäbe auch die Verfahren, in denen die 'Schadensbegrenzung' im Mittelpunkt steht: „einerseits könne man einen Jugendlichen mit den Mitteln eines Jugendrichters durchaus beeindrucken [...], andererseits gebe es Jugendliche, die damit nicht oder sehr eingeschränkt erreichbar seien [...]".[400]

397 Evaluation, S. 54.

398 Evaluation, S. 55; so auch Rose, in: NStZ 2013, 315 (318) im Hinblick auf die Jugendabteilung der Staatsanwaltschaft in Lübeck.

399 Evaluation, S. 90.

400 Evaluation, S. 90.

3. Kooperation der Verfahrensbeteiligten?

Der Mehrwert einer institutions- und behördenübergreifenden Zusammenarbeit wird positiv festgestellt: „so kann bei Nichterscheinen des Angeklagten in der Hauptverhandlung ein Anruf des Richters bei der Polizei u.U. schnelle Abhilfe schaffen und eine Vorführung noch zum selben Termin möglich machen. Diese Form der unbürokratischen Kooperation kann in einem gewissen Sinn als beispielhaft für das NKM betrachtet werden. Die schnelle Vorführung noch zum selben Termin signalisiert einen starken und schnell reagierenden Staat".[401]

III. Aktenauswertung

Die Aktenauswertung richtet den Blick auf die in der Vergangenheit – im Neuköllner Modell – durchgeführten Verfahren. Betrachtet wird u.a. die Art der vorgeworfenen Tat, Anzahl der Tatbeteiligten, Erst- oder Wiederholungstäter, Geständnis- und Kooperationsbereitschaft der Delinquenten sowie die ergangenen Rechtsfolgen. Der Prozess der Aktenauswahl und die Eignungskriterien, die dem Auswahlverfahren zugrunde lagen, werden im Untersuchungsbericht ansatzweise ausgeführt: „die Jugend- und Diversionsbeauftragten der Direktionen [wurden] gebeten, auf Basis der in den Direktionen vorliegenden Geschäftsstatistiken eine zufällige Auswahl von Aktenzeichen zusammenzustellen. Daraus wurde dann von den Wissenschaftlern eine Zufallsstichprobe gezogen. Quotiert wurde lediglich insoweit, als darauf geachtet wurde, dass alle Direktionen in einem für die statistische Analyse notwendigen Maß vertreten sind".[402] Insgesamt werden im Rahmen der Erhebung 86 Akten aus den Kalenderjahren 2009 bis 2013 berücksichtigt. Tabellarisch wird die Verteilung auf Direktions- und Abschnittsebene wie folgt dargestellt:

Kalenderjahr	Anzahl der untersuchten Verfahren nach dem Neuköllner Modell in allen Berliner Polizeidirektionen
2009	9
2010	18
2011	7

401 Evaluation, S. 95.
402 Evaluation, S. 23.

2012	27
2013	25

Tabelle 1: NKM-Fälle nach Direktions- und Abschnittsebene

		Häufigkeit	Prozent	Gültige Prozente	Kumulierte Prozente
Gültig	1 - Dir	13	15,1	15,1	15,1
	2 – Abschn.	11	12,8	12,8	27,9
	2 – Dir	1	1,2	1,2	29,1
	3 – Abschn.	8	9,3	9,3	38,4
	3 – Dir	3	3,5	3,5	41,9
	4 – Abschn.	10	11,6	11,6	53,5
	4 – Dir	3	3,5	3,5	57,0
	5 – Abschn.	12	14,0	14,0	70,9
	6 – Abschn.	18	20,9	20,9	91,9
	6 – Dir	6	7,0	7,0	98,8
	ZA WSP Ost[7]	1	1,2	1,2	100,0
	Gesamt	86	100,0	100,0	

(Quelle: Evaluation, S. 25)

1. Ablehnungsquote und Erfolgsaussichten

Basierend auf den ausgewerteten Akten ließ sich erheben, wie häufig dem Antrag der Ermittlungsbeamten auf Durchführung des Neuköllner Modells durch die Jugendstaatsanwaltschaft in Berlin entsprochen wurde. Im Hinblick auf die Belastbarkeit der ermittelten Ablehnungsquote, zeigen sich die Verfasser zuversichtlich: „Die Stichprobe, insbesondere die der Vergleichsgruppe, ist zwar klein, für eine statistische Analyse aber grundsätzlich ausreichend“.[403]

In 66 Verfahren wurde den Anträgen auf Durchführung im Neuköllner Modell durch die Jugendstaatsanwaltschaft in Berlin stattgegeben. In 20

403 Evaluation, S. 26.

Fällen sind die Anträge abgelehnt worden.[404] Welche Kriterien letztlich zur Ablehnung führten, ließ sich nicht eindeutig eruieren. Eine Darstellung der Ablehnungsgründe sei durch die fehlende oder unzureichende Ausführung seitens der Jugendstaatsanwälte wesentlich erschwert. Als Erklärung wurde angeführt: „In einigen Fällen begründet die Staatsanwaltschaft die Ablehnung damit, dass bereits zuviel Zeit vergangen sei".[405] Einen entscheidenden Grund für „viele Ablehnungen"[406] sehen die Verfasser zudem in der Einbeziehung und Berücksichtigung des Erziehungsregisters durch die Jugendstaatsanwaltschaft. Dies unterstreicht die Annahme, dass vorangegangene Einträge unmittelbar in den Entscheidungsprozess einfließen. Die Einsicht in das Erziehungsregister kann die Wahl der Verfahrensform in nicht unerheblicher Maße beeinflussen. Neben dem vorbezeichneten wird die „inhomogene Implementierung"[407] des Neuköllner Modells als möglicher Auslöser für die Antragsablehnung erörtert.[408]

2. 'Zielgruppe' des Neuköllner Modells

Nachdem anhand der allgemeinen Bestimmungen gemäß §§ 76 ff. JGG und dem Konzeptpapier von Kuperion eine abstrakte Zielgruppenbestimmung vorgenommen wurde[409], stellte sich im Rahmen der Aktenauswertung die Frage, welches Täterprofil tatsächlich erreicht wurde. Die Auswertung konzentriert sich u.a. auf Kriterien wie Alter, sachlich und räumlicher Kontext der Tat oder auf die Staatsangehörigkeit der Delinquenten.

Anhaltspunkte für eine altersbegründete Ungleichbehandlung zeigen sich im Zuge der Untersuchung nicht: „Die für das vereinfachte Verfahren geeigneten Altersstufen waren ungefähr gleich verteilt, zumindest ließ sich kein Trend in Richtung jüngere oder ältere Täter erkennen".[410]

Der sachliche und räumliche Kontext der untersuchten Verfahren überrasche hingegen: „Angesichts der Bedeutung, die den Fällen mit Schulkontext eingeräumt wird, war auffällig, dass bei 22% der Fälle den Akten

---

404 Evaluation, S. 26.
405 Evaluation, S. 74.
406 Evaluation, S. 74.
407 Evaluation, S. 74.
408 Evaluation, S. 74.
409 Evaluation, S. 68 f.
410 Evaluation, S. 70.

keine Angaben zur besuchten Schulform zu entnehmen war. Mit 61% ist der Anteil der Fälle, bei denen es keine Angaben zur Regelmäßigkeit des Schulbesuchs gab, sogar noch deutlich größer. Von den verbleibenden 34 Fällen wurden bei 20 Fällen (59%) Schuldistanz identifiziert".[411] Eine konsolidierte Auswertung des Schulverhaltens war den Verfassern angesichts der fehlenden oder unvollständigen Dokumentation nicht möglich: „Die Dokumentation von Schulverhalten fällt eher spärlich aus. In vielen Abschlussberichten wird es nicht oder nur am Rande erwähnt. Es finden sich auch keine Hinweise, dass Schuldistanz als Grund für die Auswahl für das NKM berücksichtigt wurde".[412] Ein möglicher Erklärungsansatz: das Schulverhalten wird in der Regel in Reifevermerken festgehalten, welche den Verfassern im Rahmen der Aktenauswertung nur eingeschränkt zur Verfügung gestellt wurden.[413] Allerdings sehen die Verfasser in der Verfahrensform des Neuköllner Modells ohnehin keinen „Ansatz zur Bekämpfung von Schuldistanz bei jugendlichen Straftätern"[414] und „für die meisten Polizeibeamten [sei] Schuldistanz kein wirkliches Kriterium für die Auswahl der Fälle".[415]

Inwieweit eine kulturelle oder ethnische Zugehörigkeit des Delinquenten die Wahl der Verfahrensform beeinflusse, ließ sich nicht feststellen. Allerdings führen Ermittlungsvorgänge gegenüber Nichtdeutschen i.S.d. Art. 116 I GG nicht per se zum Neuköllner Modell: „Die Variable Staatsangehörigkeit zeigt, dass das NKM nicht auf Ausländerkriminalität ausgerichtet ist. 71% der Beschuldigten hatten die deutsche Staatsangehörigkeit [...]. Auf die Erhebung des Merkmals Migrationshintergrund wurde aufgrund der zu erwartenden Erhebungsprobleme und der geringen inhaltlichen Bedeutung verzichtet".[416]

3. Delikte

Die tatbestandliche Zuordnung des vorgeworfenen Verhaltens ist für die Anwendung des Neuköllner Modell in der Regel unerheblich. Sowohl

411 Evaluation, S. 70.
412 Evaluation, S. 84.
413 Evaluation, S. 84.
414 Evaluation, S. 109.
415 Evaluation, S. 92.
416 Evaluation, S. 70.

Verbrechen als auch Vergehen können zum Gegenstand gemacht werden. Auf einen Straftatenkatalog oder eine spezifische Deliktsnatur kommt es nicht an. Einen Überblick über die im Neuköllner Modell behandelten Straftatbestände ermöglicht der Untersuchungsbericht. Von den 86 gesichteten Akten sind vor allem Unterschlagungen und Diebstahlsdelikte (insgesamt 27 Verfahren) hervorzuheben. Die Körperverletzungsdelikte sind mit 16 Verfahren vertreten, gefolgt von den Sachbeschädigungsdelikten mit neun Verfahren sowie dem Raub und der räuberischen Erpressung mit insgesamt acht Verfahren.[417] In diesem Zusammenhang sei auf den sachlichen und räumlichen Kontext der o.g. Delikte hinzuweisen: „22 der 85 Taten wurden an der Schule bzw. im Zusammenhang mit der Schule begangen (26%) [...]. Hier zeichnet sich ein Schwerpunkt im Bereich von Schultaten ab“.[418]

4. Tatbeteiligung und Straffälligkeit

Im Zuge der Aktenanalyse wurde sowohl die Anzahl der Tatbeteiligten[419] als auch die vorangegangene Straffälligkeit[420] erhoben. 59 der ausgewerteten Verfahren, die nach dem Neuköllner Modell durchgeführt wurden, richteten sich gegen Alleintäter. 18 Verfahren hatten einen gemeinschaftlichen Tatvorwurf (zwei Personen) zum Gegenstand und in neun Verfahren waren es mindestens drei Beteiligte.[421]

Die Aktenanalyse geht in der Rubrik 'Vorkenntnisse und Vorbelastung' auf eine etwaige frühere Straffälligkeit der Delinquenten ein. In 59 Verfahren waren die Betroffenen bereits strafrechtlich in Erscheinung getreten. In sieben Verfahren kam das Neuköllner Modell gegenüber Ersttätern zur

417 Evaluation, S. 72.

418 Evaluation, S. 71.

419 Evaluation, S. 71.

420 Evaluation, S. 73 f.

421 In diesem Zusammenhang sei anzumerken, dass sich im Rahmen der Aktenauswertung der Verdacht einer unrechtmäßigen Ausweitung erhärtet habe: „Ein Polizeibeamter berichtete, dass bei Fällen mit mehreren Tätern alle Täter für das NKM vorgeschlagen werden – auch wenn [...] nicht alle hierfür geeignet erscheinen“ Evaluation, S. 71. Diese unrechtmäßige Bündelung unterstreicht die Dringlichkeit einer einheitlichen allgemeinverbindlichen Regelung. Die Voraussetzungen des Neuköllner Modells müssen auch im Falle einer Tatbeteiligung für jeden Delinquenten gesondert vorliegen.

Anwendung.[422] Dies lässt den vorsichtigen Schluss zu, dass der Grundsatz der Subsidiarität beachtet wird.

5. Kooperations- und Geständnisbereitschaft

Grundsätzlich habe die Kooperationsbereitschaft der Delinquenten Auswirkungen auf die Wahl der Verfahrensform. Insbesondere „der Umstand, ob der Täter geständig ist oder nicht, [habe] [...] Einfluss auf die Aufnahme eines jugendlichen Beschuldigten in das NKM und die Verfahrensdauer. [...] So kann es sein, dass der Beschuldigte sich bereits bei der Polizei ungeständig zeigt und die Ermittlungen verzögert, und aus diesem Grund entschieden wird, das Verfahren nicht im NKM-Modus durchzuführen“.[423] Die fehlende Geständnisbereitschaft steige sodann zu einem Ausschlusskriterium für das Neuköllner Modell auf und verkürze den Anwendungsbereich. Problematisch sei dies vor allem deswegen, weil die Jugendlichen, bei denen ein Neuköllner Modell angedacht wird, nicht geständnisbereiter sind als in anderen Verfahren. Diesbezüglich „zeigten sich keine Unterschiede“.[424] Auch das Fernbleiben von der polizeilichen Vernehmung beeinflusst – der Untersuchung zu Folge – den Verlauf und die Dauer des Verfahrens.[425] Besorgniserregend ist dies vor allem, weil dies ein Drittel der ausgewerteten Verfahren betrifft.[426] In 54 Verfahren sind die Betroffenen zur polizeilichen Vernehmung erschienen, in 28 Verfahren kam es zu einem Ausbleiben.[427]

Dennoch seien die im Neuköllner Modell behandelten Delinquenten kooperationswilliger[428] und ebenjene Kooperationsbereitschaft zeige sich in der erzielten Verfahrensbeschleunigung. Denn „vergleicht man die Verfahrenslängen der kooperierenden mit denen der nicht kooperierenden Beschuldigten, zeigt sich deren Einfluss deutlich und statistisch signifikant: Die Zeit zwischen Strafanzeige und dem endgültigen Abschluss des Verfahrens ist bei den kooperierenden Beschuldigten um etwa die Hälfte kür-

422 Evaluation, S. 74.
423 Evaluation, S. 78.
424 Evaluation, S. 79.
425 Evaluation, S. 77.
426 Evaluation, S. 78.
427 Evaluation, S. 78.
428 Evaluation, S. 79.

zer (Median: 137 im Vergleich zu 282 Tagen). Bemerkenswert ist in dieser Hinsicht, dass bei der Gruppe der kooperierenden Jugendlichen auch die Dauer der polizeilichen Ermittlungen deutlich kürzer ist, obwohl sich die Variable ausschließlich auf die Kooperation des Jugendlichen mit der Justiz bezieht. Auch die Dauer der polizeilichen Ermittlung reduziere sich fast um die Hälfte (23 vs. 42 Tage), der Unterschied wird aber bei einem 95%[igen] Niveau knapp nicht signifikant (0,056)".[429]

6. Rechtsfolgen

Da das Neuköllner Modell nicht selten mit repressiven Maßnahmen gleichgesetzt wird, interessierten im Rahmen der Aktenanalyse insbesondere die ergangenen Rechtsfolgen. Tabellarisch halten die Verfasser das Ergebnis wie folgt fest:

429 Evaluation, S. 79.

Tabelle 31: Zuchtmittel Auflage (§§ 13, 15 JGG)

			Auflagen (keine Einstellung)		Gesamt
			Ja	Nein	
Verfahrensabschluss	NKM	Anzahl	6	35	41
		%	14,6%	85,4%	100,0%
	Normal	Anzahl	5	13	18
		%	27,8%	72,2%	100,0%
Gesamt		Anzahl	11	48	59
		%	18,6%	81,4%	100,0%

Tabelle 32: Einstellungen mit bzw. ohne vorherige Weisung (§ 47 JGG)

			Sanktion Einstellung			Gesamt
			Einstellung mit Weisung	Einstellung ohne Weisung	Anderes	
Verfahrensabschluss	NKM	Anzahl	21	13	7	41
		%	51,2%	31,7%	17,1%	100,0%
	Normal	Anzahl	7	3	7	17
		%	41,2%	17,6%	41,2%	100,0%
Gesamt		Anzahl	28	16	14	58
		%	48,3%	27,6%	24,1%	100,0%

(Quelle: Evaluation, S. 103)

Demnach wurden in „41 Verfahren, die nach dem NKM durchgeführt und abgeschlossen wurden, […] lediglich in zwei Fällen (5%) ein Arrest – als schärfste aus dem vereinfachten Verfahren resultierende Sanktion – verhängt“.[430] Der vermutete und teilweise unterstellte repressive Charakter der Verfahrensform zeigte sich zumindest nicht auf der Rechtsfolgenseite, „im Vergleich mit den normal angeklagten Verfahren werden signifikant weniger Arreste ausgesprochen und auch die übrigen Sanktionen und Erziehungsmaßnahmen fallen tendenziell weniger intensiv aus“.[431]

430 Evaluation, S. 102 f.
431 Evaluation, S. 110.

IV. Zusammenfassendes Ergebnis der Evaluation

Der erzielte Beschleunigungserfolg entspricht nicht den anfänglichen Prognosen[432] und erfährt mit Blick auf das langwierige Vollstreckungsverfahren eine erhebliche Korrektur.[433] Gleichwohl ist die festgestellte Verfahrensdauer insbesondere für den Verfahrensabschnitt der polizeilichen Vorgangsbearbeitung bis hin zur Hauptverhandlung beachtlich.[434] Den Beschleunigungserfolg führt die Studie überwiegend auf die behörden- und institutionsübergreifende Zusammenarbeit zurück. Jene Kooperation sei ein wesentliches Charakteristikum der Verfahrensform. Der erzielte Beschleunigungserfolg variiert allerdings auf Landesebene, da sich die behörden- und institutionsübergreifende Zusammenarbeit in unterschiedlicher Ausprägung und Intensität etabliert habe.[435] Die individuelle Einflussnahme des Delinquenten auf die Verfahrensdauer tritt als weiteres Korrektiv hinzu[436], denn die Verfahrensdauer und auch das 'ob' des Verfahrens wird in nicht unerheblichem Maß vom Delinquenten mit beeinflusst.[437] Kooperiert der Betroffene nicht und dehnt sich die Vorgangsbearbeitung aus, verkürzt dies den Anwendungsbereich des Neuköllner Modells. Kritisiert und als zu schematisch abgetan wird das Beschleunigungsbestreben „wenn bspw. die Beschleunigung aus einem Verfahren genommen wird, weil die Strafanzeige bereits zu lange zurückliegt".[438] Die Beschleunigung wird auf diesem Wege zum „Selbstzweck"[439] und schränkt den Anwendungsbereich ein. Die Verfahrensbeschleunigung wird zum Alleinstellungsmerkmal und kommt einem Ausschlussgrund gleich. Die partielle Verkürzung des Anwendungsbereichs ist in der Tat problematisch. Einheitliche Kriterien würden korrigierend in das Vorschlagsrecht des Ermittlungsbeamten eingreifen und einem vorzeitigen Absehen entgegenwirken. Die Erforderlichkeit einer einheitlichen und objektiven Regelung wird somit auch an dieser Stelle deutlich.

---

432 Evaluation, S. 45.
433 Evaluation, S. 55.
434 Evaluation, S. 55.
435 Evaluation, S. 105 f.
436 Evaluation, S. 56.
437 Evaluation, S. 79; vgl. zur Verfahrensbeschleunigung durch den Beschuldigten Scheffler, S. 75.
438 Evaluation, S. 106.
439 Evaluation, S. 112.

Die Aktenanalyse hat des Weiteren ergeben, dass die im Neuköllner Modell verhandelten Strafverfahren überwiegend der leichten bis mittleren Kriminalität[440] zuzuordnen sind, folglich den gesetzgeberischen Vorgaben aus den §§ 76 ff. JGG entsprechen.[441] Auch wird der an die JGH erteilte gesetzgeberische Auftrag zur Erforschung der erzieherischen, sozialen und fürsorgerischen Gesichtspunkte im Jugendverfahren grundsätzlich nicht beschnitten.[442] Auf Grund der avisierten Beschleunigung kann es vereinzelt zu Einschränkungen kommen, die Erstellung des schriftlichen Gutachtens blieb allerdings unberührt.[443]

Ob von der besonders beschleunigten Verfahrensdurchführung eine erzieherische Wirkung ausgeht und wie sich diese auf den Delinquenten auswirkt, lassen die Verfasser offen. Mit „dem zur Verfügung stehenden Untersuchungsdesign“[444] sei dies nicht feststellbar. Mit Hilfe der durchgeführten Experteninterviews wurden allerdings empirisch fundierte Einschätzungen gewonnen, in denen sich eine klare Tendenz abzeichnet: „Beschleunigte Verfahren verbessern die kognitive Verarbeitung des justiziellen Geschehens beim Jugendlichen“.[445] Zugleich wird dem Neuköllner Modell durch die besonders beschleunigte Verfahrensdurchführung eine repressive Ausrichtung zugeschrieben, denn neben der unverzüglichen Konfrontation mit dem Geschehenen, stehe die Konfrontation mit dem Jugendrichter. Letzteres begründet den repressiven Charakter der Verfahrensform: „Die schnelle Reaktion dient hier in erster Linie dazu, einer spezifischen Zielgruppe staatliche Autorität zu demonstrieren. Mit staatlicher Autorität ist vor allem der Jugendrichter im förmlichen Gerichtsverfahren gemeint. Das NKM setzt also auf eine stärkere Formalisierung und letztlich auch Intensivierung der staatlichen Interventionen“.[446] Die Verfasser sehen die repressive Verfahrensausrichtung „weniger im konkreten Verfahren als vielmehr in den implizit mitgedachten Vorstellungen“[447] ver-

---

440 Evaluation, S. 107.
441 Evaluation, S. 72 f.
442 Evaluation, S. 51.
443 Evaluation, S. 51.
444 Evaluation, S. 85.
445 Evaluation, S. 108: „Dass ein zügig durchgeführtes Verfahren eine wichtige Voraussetzung für eine adäquate Verarbeitung beim Jugendlichen ist, wird in der Tendenz durch die im Rahmen der Untersuchung durchgeführten Fallstudien unterstrichen“.
446 Evaluation, S. 99.
447 Evaluation, S. 99.

wirklicht. Wie sich dies im Einzelnen äußert, bleibt unbeantwortet. Denn eine tatsächlich repressive Auswirkung auf das Jugendrechtspflegesystem wird an anderer Stelle verneint.[448]

Abschließend wird auch das „Zielgruppenverständnis zum NKM"[449] problematisiert. Das Neuköllner Modell sei auf Grund der fehlenden Bestimmtheit der Fallgruppen von subjektiv-individuellen weichen Kriterien prädominiert, die einen einheitlichen Anwendungsbereich erschweren.[450]

V. Analyse

Interessant ist der referats- und senatsübergreifende Ansatz, den die Untersuchung gewählt hat, er ist vorbildlich und im Ergebnis zu begrüßen. Das Justizwesen und die Polizei unterliegen zwar unterschiedlichen Senatsverwaltungen, im Hinblick auf das Neuköllner Modell ist jedoch eine Gesamtbetrachtung erforderlich.

Die grundsätzliche Zielsetzung des Forschungsauftrags „Erkenntnisse zur Praxis sowie zur Akzeptanz und Wirksamkeit des Neuköllner Modells zu gewinnen"[451] wurde teilweise erreicht. Die Expertengespräche eröffnen exklusive Einblicke und setzen Impulse frei, die bei der künftigen Verfahrensgestaltung und Fortentwicklung aufgegriffen und berücksichtigt werden können. Die Einschätzungen zeigen einzelne Verfahrensschritte und fehlende Mechanismen auf, die einer wirksamen Verfahrensdurchführung entgegenstehen und mit Blick auf die Zukunft entsprechend nachgebessert werden können. Insbesondere die festgestellte inhomogene Implementierung des Neuköllner Modells unterstreicht den Handlungsbedarf und gibt eine deutliche Zielvorgabe vor, wie den rückläufigen Fallzahlenaufkommen entgegengewirkt werden könnte. Die kritische Auseinandersetzung mit Themenkomplexen wie etwa der Einbindung der Jugendgerichtshilfe, der Qualität und Intensität der im Neuköllner Modell ergangenen Rechtsfolgen, oder auch der potenziellen Kollision mit dem informellen Verfahren, kann dazu beitragen das teilweise vorherrschende repressive Verständnis zu korrigieren und die Akzeptanz für die in Rede stehende Ver-

448 Evaluation, S. 104.
449 Evaluation, S. 91.
450 Evaluation, S. 91.
451 Abgeordnetenhaus Berlin, Drucksache 17/ 12542, S. 1.

fahrensform zu steigern. Damit lässt sich festhalten: die Evaluation ist ein Schritt in die richtige Richtung.

1. Kritische Würdigung

Angreifbar erscheint die Studie im Hinblick auf den Zeitpunkt der Durchführung[452], denn hier ist der Versuch unternommen worden, ein nicht kodifiziertes, nur im Ansatz verankertes Verfahren, welches auf einer informellen Absprache einiger (weniger) Verfahrensbeteiligter beruht und demnach keine Institutionalisierung erfahren hat, zu evaluieren. Mithin überraschen einige Untersuchungsergebnisse nicht. Insbesondere die Ausführungen zur inhomogenen Implementierung des Verfahrens auf Bezirks- und Direktionsebene ließen sich bereits den Jahresberichten für Jugenddelinquenz in Berlin (rückblickend für die Kalenderjahre 2008 bis einschließlich 2013) entnehmen.[453] Berechtigt erscheint daher die Frage nach einem etwaigen Mehrwert. Womöglich wäre es zweckmäßiger, die für die Entwicklung des Evaluationskonzeptes sowie der anschließenden Durchführung, Betreuung und Berichtsverfassung bereitgestellten Haushaltsmittel der Institutionalisierung zur Verfügung zu stellen, namentlich der rechtlichen Kodifizierung (Richtlinie), Schulung von Jugendsachbearbeitern sowie Aufklärungs- und Vernetzungstagungen der am Neuköllner Modell Beteiligten. Eine sich hieran anschließende Evaluation würde zumindest homogene Vergleichskriterien vorfinden und wäre ggf. erfolgversprechender. Daher ist davon auszugehen, dass die Evaluation eher von politischer Bedeutung ist.

Inhaltlich hinterlässt die vorgelegte Studie einige Fragen. So wird die erzielte Verfahrensbeschleunigung an einigen Stellen (pauschal) auf den allgemeinen Rückgang der Jugendkriminalität zurückgeführt.[454] Damit wird der Anschein erweckt, dass die rückläufigen Eingangszahlen auf gleichbleibende Kapazitäten treffen und letztlich zur Verkürzung der Verfahrensdauer führen würden. Ob ein derart signifikanter Rückgang von Eingangszahlen in Berlin für die in Rede stehenden Kalenderjahre 2008

---

452 So auch Gisela von der Aue Inhaltsprotokoll 16/ 76, Ausschuss für Verfassungs- und Rechtsangelegenheiten, Immunität und Geschäftsordnung v. 18. Mai 2011, S. 3.

453 Jugenddelinquenz in Berlin, Jahresbericht 2013, S. 21.

454 Vgl. Evaluation, S. 40.

bis 2014 zu verzeichnen wäre, kann an dieser Stelle dahinstehen, denn im Rahmen der Untersuchung wird die jährliche, sich an den Rückgang von Eingangszahlen anschließende Anpassung des Personalbedarfsschlüssels – sowohl für die Jugendstaatsanwaltschaft als auch für die Jugendgerichtsbarkeit – nicht bedacht bzw. zum Ausdruck gebracht. Tritt ein signifikanter Rückgang der Eingangszahlen ein, würde dies im Rahmen der Personalbedarfsplanung für das nachfolgende Kalenderjahr zur Korrektur bzw. zur Verringerung der bereitgestellten Kapazitäten, d.h. Jugendrichter und Jugendstaatsanwälten, führen. Folglich führen signifikant rückläufige Eingangszahlen nicht zu weniger Arbeitsaufkommen, denn die Anzahl der jeweiligen Dezernenten und Jugendrichter wird signifikant rückläufigen Eingangszahlen angepasst. Selbst im Falle eines allgemeinen Rückgangs der Eingangszahlen innerhalb des Toleranzrahmens – der keinen neuen Schlüsselwert bei der Personalbedarfsberechnung begründen würde – erscheint der pauschale Verweis auf den allgemeinen Rückgang der Jugendkriminalität als wesentlicher Indikator für die erzielte Verfahrensbeschleunigung beim Neuköllner Modell unpräzise und fragwürdig.

Des Weiteren ist dem Untersuchungsbericht im Hinblick auf die gemachten Ausführungen zur gerichtsinternen Umsetzung des Neuköllner Modells und der jugendrichterlichen Zuständigkeit nicht zuzustimmen. Allgemein wird hierzu angeführt: „Die Jugendrichter sind nach Regionen zuständig, die an den Berliner Bezirken ausgerichtet sind. Besondere Zuständigkeiten im Zusammenhang mit dem NKM gibt es hier nicht".[455] In Gänze verkannt wird damit die gerichtsinterne Umsetzung des Neuköllner Modells, das Verteilungssystem sowie die richterliche Personalunion, die mit dem Regionalisierungsprinzip angestrebt wurde.[456]

In der Rubrik 'Prognose und Empfehlung' „Welche Verbesserungsvorschläge gibt es für die Umsetzung?"[457] unterbreiten die Verfasser die Handlungsempfehlung, Fallgruppen durch „konkrete Beispiele zu erweitern":[458] Denn „das Sammeln und Aufbereiten von Praxisbeispielen [könnte] ein Ansatz zur Weiterentwicklung des NKM sein. In den Interviews wurden einige Fallbeispiele erwähnt, die für die Bearbeitung im Rahmen des NKM besonders geeignet scheinen".[459] Zwar sollen und dür-

455 Evaluation, S. 30.
456 Zum Regionalisierungsprinzip S. 82.
457 Evaluation, S. 11.
458 Evaluation, S. 112.
459 Evaluation, S. 112.

fen die Fallgruppen sachliche und räumliche Einschränkungen aufzeigen (z.B. Taten mit Schulbezug, Taten in der Familie), darüber hinaus sollten die Ermittlungsbeamten sich weder an einem Straftatenkatalog noch an vorherige, besonders beschleunigte Verfahren orientieren. Ein Sammeln von 'Fallbeispielen' über den sachlichen und räumlichen Kontext hinaus sollte im Neuköllner Modell vermieden werden. Es bedarf stets einer Einzelfallprüfung.

Obwohl die Studie in bezeichnend geringem Ausmaß auf die Beschaffenheit und Zusammensetzung der Ausbildungsinhalte von Polizeianwärtern im mittleren und gehobenen Dienst und deren Fortbildungsmöglichkeiten eingeht, werden im Urteilsstil mangelnde Kenntnisse zum Verfahrensablauf nahezu ausgeschlossen: „Mangelndes Wissen [der Ermittlungsbeamten] zum NKM spielt insoweit wohl eine eher untergeordnete Rolle“.[460] Das Land Berlin verzeichnet zum Stichtag 31. Mai 2015 insgesamt 3.250 Polizeivollzugsbeamte.[461] Die vorstehende Schlussfolgerung der Verfasser erscheint mit Blick auf die geringe Anzahl von Polizeibeamten die an der Evaluation beteiligt wurden, fraglich.

Zweifelhaft erscheint der Ausschluss von mangelnden Kenntnissen auch, weil das vereinfachte Jugendverfahren und damit auch das Neuköllner Modell nur bedingt in der Anwärterausbildung aufgegriffen wird.[462] Erforderlich wäre dieser Umstand aber, weil das Neuköllner Modell, anders als das vereinfachte Jugendverfahren nach §§ 76 ff. JGG, das lediglich die Jugendstaatsanwaltschaft adressiert, dem Ermittlungsbeamten ein Vorschlagrecht zur Seite stellt. Damit kommt im Unterschied zum vereinfachten Jugendverfahren dem Ermittlungsbeamten eine das Verfahren deutlich beeinflussende Rolle zu. Ob temporäre Fortbildungsmöglichkeiten ausreichen um diesem zusätzlichen Aufwand gerecht zu werden, bzw. die erforderlichen Sachkenntnisse zu implementieren, erscheint fraglich. 'Mangelndes Wissen' jedoch grundsätzlich abzulehnen, obgleich die Berliner Ermittlungsbeamten mit den (materiell-rechtlichen) Voraussetzungen

---

460 Evaluation, S. 65.

461 Abgeordnetenhaus Berlin, Drucksache 17/ 16518, S. 1.

462 Für den mittleren Dienst in Berlin findet sich keine detaillierte – zugängliche – Darstellung der Ausbildungsinhalte, vgl. insoweit https://www.berlin.de/polizei/beruf/polizist-polizistin-werden/ausbildung-studium/mittlerer-dienst-schutzpolizei/ (zuletzt abgerufen am 10. März 2016). Die Lehrveranstaltungen an der HWR in Berlin für den gehobenen Dienst sind einsehbar unter http://www.hwr-berlin.de/fachbereich-polizei-und-sicherheitsmanagement/studienorganisation-und-arbeitsmittel/vorlesungsverzeichnisse/ (zuletzt abgerufen am 10. März 2016).

des Neuköllner Modells im Rahmen ihrer Dienstausübung möglicherweise erstmals konfrontiert werden, überzeugt im Ergebnis nicht.

2. Ausblick

Ungeachtet der kritischen Anmerkungen erreicht die Evaluation des Neuköllner Modells einige Aufmerksamkeit der Verantwortlichen. Denn die Evaluation löste nicht nur einen – ambivalenten – gesellschaftspolitischen Diskurs aus, sondern erreichte partiell auch die Berliner Justiz und Polizei. In Berlin bildete sich – sua sponte – eine Arbeitsgruppe mit dem Ziel, die im Konzeptpapier verwendeten Fallgruppen zu konkretisieren. Die Arbeitsgruppe setzt sich aus Vertretern der Jugendstaatsanwaltschaft und der Jugendgerichtshilfe, Jugendrichtern, Polizeibeamten und den Verfassern der vorliegenden Studie zusammen. In handlungsfähigen Untergruppen wird etwa der Entwurf von Handzettel diskutiert, die den Ermittlungsbeamten dabei helfen sollen, die Geeignetheit der Verfahrensform zu erkennen. Auch die Fortschreibung bzw. Ergänzung des Konzeptpapiers wird in Betracht gezogen. Zwar liegen noch keine belastbaren, d.h. verschriftlichten Entwürfe vor, indes ist diese Entwicklung bereits jetzt zu begrüßen. Die Arbeitsgruppe bündelt die Interessen und Belange der einzelnen fachlich betroffenen Vertreter und könnte eine einheitliche Institutionalisierung des Neuköllner Modell beschleunigen. Mithin hinterlässt die Evaluation an dieser Stelle mehr als eine Anregung. Das Neuköllner Modell könnte auf Grund der nunmehr wahrnehmbaren Defizite angepasst, konkretisiert und um notwendige Teilbereiche ergänzt werden.

Die nachstehenden sog. Kernbereiche sollen einer ersten Orientierung dienen. In den Kernbereichen werden Sachgebiete angesprochen, die sich für eine Fortentwicklung eignen:

a. Berliner Modell und die neue Abschnittsstruktur (Kernbereich I)

Die Evaluation erörtert die Organisation und Zuständigkeit von Jugendsachbearbeitern innerhalb der Berliner Polizeiabschnitte.[463] Interessant sind die vorgelegten Ansätze insbesondere dann, wenn die neuen Ab-

463 „Mit zunehmender Freistellung motivierter Jugendsachbearbeiter von anderen Aufgaben wird sich auch die Qualität der Jugendsachbearbeitung erhöhen und

schnittsstrukturen bedacht werden, denn diese lösen das Berliner Modell ab und haben erhebliche Auswirkungen auf die Zuständigkeiten und Aufgabenfelder der Polizei und letztlich auch auf das Neuköllner Modell.[464]

b. Erziehungsregister (Kernbereich II)

Die Studie führt die Ablehnung der polizeilich initiierten Anträge auf Durchführung im Neuköllner Modell u.a. auf den „Informationsvorsprung"[465] der Jugendstaatsanwaltschaft zurück, den sie ihr durch die Einsicht in das Erziehungsregister zuschreibt. Um der hohen Ablehnungsquote entgegenzuwirken, wäre ein polizeiliches Einsichtsrecht abzuwägen.[466]

c. Organisation der Jugendstaatsanwaltschaft (Kernbereich III)

Die Dezernatsstruktur der Jugendstaatsanwaltschaft in Berlin begünstigt auf Grund der starren Buchstabenzuständigkeit weder die beabsichtigte institutions- und behördenübergreifende Zusammenarbeit noch eine regionale Bezogenheit des Dezernenten. Auch die Evaluation sieht hierin einen Nachteil.[467] Ein alternatives Zuständigkeits- und Verteilungssystem könnte in dem sog. Institut der 'Staatsanwaltschaft für den Ort' gesehen werden.[468] Dessen Mehrwert und eine mögliche Ausweitung auf die Berliner Polizeidirektion 2 soll an dieser Stelle gewürdigt werden.

---

damit werden sich auch die Anwendungsvoraussetzungen für das NKM verbessern" Evaluation, S. 65.

464 Siehe hierzu H.Kernbereich I: Das Neuköllner Modell in der polizeilichen Vorgangsbearbeitung S. 116.

465 Evaluation, S. 75.

466 Siehe hierzu I.Kernbereich II: Einsichtsrecht der Ermittlungsbeamten in das Erziehungsregister S. 126.

467 „Im Rahmen bestehender Zuständigkeits- und Organisationsprinzipien ist es theoretisch möglich, dass jeder Polizeibeamte, der eine Jugendsache bearbeitet, auf jeden für Jugendsachen zuständigen Staatsanwalt in der Stadt treffen kann. Die Bildung kooperativer Strukturen wird dadurch erheblich beschwert", Evaluation, S. 36.

468 Siehe hierzu J.Kernbereich III: Organisation der Jugendstaatsanwaltschaft S. 128.

d. Richtlinie für das Neuköllner Modell (Kernbereich IV)

> *„Die Beschleunigung kann durch Regularien, Checklisten usw. erreicht werden. Das NKM hat darüber hinaus aber weiteres Potenzial, das nur dann genutzt werden kann, wenn Akteure ein gemeinsames Verständnis zu den erweiterten Zielen des NKM entwickeln“.*[469]

Ein gemeinsames Verständnis im vorbezeichneten Sinne setzt einheitliche Kriterien, eine rechtliche Kodifizierung der Arbeitsabsprache und eine allgemein verbindliche Verschriftlichung des Anwendungsbereichs voraus. Anders als beim informellen Verfahren kann in Berlin beim Neuköllner Modell auf keine Richtlinie zurückgegriffen werden. Die materiell-rechtlichen und prozessualen Voraussetzungen ergeben sich ausschließlich aus den §§ 76 ff. JGG. Das ist angesichts der besonderen Verfahrensausgestaltung des besonders beschleunigten Verfahrens nicht ausreichend. Daher wäre eine Verordnung für das Land Berlin in Betracht zu ziehen.[470]

---

469 Evaluation, S. 96.

470 Siehe hierzu K.Kernbereich IV: Richtlinie für das Neuköllner Modell S. 132.

H. Kernbereich I: Das Neuköllner Modell in der polizeilichen Vorgangsbearbeitung

Die sechs Berliner Polizeidirektionen setzen sich in der Regel aus der Direktionsleitung (mit Stab), dem Referat Verbrechensbekämpfung (Kriminalpolizei), dem Referat für die Zentralen Aufgaben und den Polizeiabschnitten zusammen.[471] Die Aufgaben und Kompetenzen der einzelnen Abschnitte gehen aus der Geschäftsanweisung über die Zuständigkeit in der Kriminalitätsbekämpfung und dem Zuständigkeitssachregister für das Land Berlin hervor. Gleichwohl kommt der jeweiligen Abschnittsleitung im Rahmen der übertragenen Raumverantwortung eine gewisse Eigenständigkeit und Steuerungsfähigkeit in Form von Gestaltungsfreiraum und Schwerpunktsetzung zu.

Seit dem 1. Januar 2014 ist eine neue Abschnittsstruktur durch den Polizeipräsidenten von Berlin beschlossen und teilweise umgesetzt worden. Auswirkungen hat dies auf die Zuständigkeiten und Aufgabenfelder der Polizei und somit auch auf das Neuköllner Modell.

I. Organisation der Berliner Polizei

Die neue Abschnittsstruktur sieht für die Ermittlungsarbeit einen nach außen und einen nach innen gerichteten Aufgabenbereich vor. Das sog. Abschnittskommissariat ist dabei das nach innen gerichtete Element während die Dienstgruppen mit ihrem Funkwageneinsatz- und Wachdienst den nach außen gerichteten Aufgabenbereich verantworten. In der bisherigen Organisation (sog. Berliner Modell) gab es diese Zweispurigkeit nicht.[472]

Liegt ein strafrechtlich relevanter Vorgang vor, bestimmt sich die Abschnittszuständigkeit gemäß der Geschäftsanweisung für das Land Berlin über die Zuständigkeit in der Kriminalitätsbekämpfung und dem Zustän-

---

471 Krüger/ Bräuer, in: Kompass Spezial, 9/ 2014, S. 7.

472 Erstmals wurde das Berliner Modell zum 11. Februar 1998 eingeführt, vgl. Probelauf einer neuen Abschnittsstruktur, S. 3, einsehbar unter: http://www.parlament-berlin.de/ados/17/Haupt/vorgang/h17-1475-v.pdf (zuletzt abgerufen am 10. März 2016).

digkeitssachregister in der Regel nach dem Tatortprinzip. Demnach ist der Polizeiabschnitt mit den Ermittlungstätigkeiten betraut, in dem die mutmaßliche Tat begangen wurde, bzw. der Ort, an dem der Erfolg der Tat eingetreten ist.[473] Das Tatortprinzip gilt folglich auch dann, wenn Tat- und Wohnort auf verschiedene Abschnitte oder Direktionen fallen. Dieser Grundsatz gilt nicht ausnahmslos. Eine Tatortzuständigkeit ist etwa zu verneinen, wenn der Beschuldigte seinen Wohnsitz außerhalb der Stadtgrenzen hat, eine Spezialzuständigkeit greift oder täterorientiert zu ermitteln wäre. Eine weitere Durchbrechung sieht der derzeitige Probelauf in der Polizeidirektion 2 vor.[474] Demnach ist die Direktion 2 immer dann zuständig, wenn der Beschuldigte seinen Wohnsitz innerhalb der Direktionsgrenzen hat. In Anlehnung an die täterorientierte Ermittlung entstand seit dem 1. August 2012 in der Direktion 2 ein Probelauf zur zentralisierten Jugendsachbearbeitung. Dieser Probelauf sieht eine Durchbrechung des Tatortprinzips zugunsten der Wohnortzuständigkeit vor. Ziel sei es „junge Delinquenten bereits in einem frühen Stadium an eine Sachbearbeiterin oder einen Sachbearbeiter zu binden. Auf diese Weise soll auf eine Entwicklung hingewirkt werden, die delinquentes oder gar kriminelles Verhalten verhindert. Dieser täterorientierte Ermittlungsansatz [...] richtet sich vor allem an die Kinder, Jugendlichen und Heranwachsenden, die erstmals oder noch wenig in Erscheinung getreten sind, also noch keine kriminelle Karriere begonnen haben“.[475] Die örtliche Zuständigkeit nach dem Wohnortprinzip gilt nicht uneingeschränkt und ist auf „Straftaten der leichten Kriminalität in Abschnittszuständigkeit“[476] begrenzt. Innerhalb dieser sachlichen Abschnittszuständigkeit sollen mit Hilfe der zentralisierten Jugendsachbearbeitung nach dem Wohnortprinzip möglichst alle Delinquenten erreicht werden, mithin auch „jene, die ihre Straftaten innerhalb der Stadtgrenzen, aber außerhalb des Zuständigkeitsbereichs der Di-

473 Geschäftsanweisung Berlin LKA Nr. 6/ 2010 über die Zuständigkeit in der Kriminalitätsbekämpfung, unveröffentlicht.

474 Fortschreibung zum Probelauf, Einrichtung einer zentralisierten Jugendsachbearbeitung im Rahmen der strategischen Ausrichtung der Direktion 2 v. 16. Mai 2014, S. 2, unveröffentlicht.

475 Zwischenbericht zum Probelauf, Einrichtung einer zentralisierten Jugendsachbearbeitung im Rahmen der strategischen Ausrichtung der Direktion 2 v. 11. April 2013, S. 1, unveröffentlicht.

476 Zwischenbericht zum Probelauf, Einrichtung einer zentralisierten Jugendsachbearbeitung im Rahmen der strategischen Ausrichtung der Direktion 2 v. 11. April 2013, S. 1, unveröffentlicht.

rektion 2 begehen".[477] Umgesetzt wird die neue Zuständigkeitsordnung u.a. mit einem eigens hierfür entwickelten System, „welches den Abschnitten der Direktion 2 täglich meldet, ob ein Jugendlicher oder eine Jugendliche ihres Zuständigkeitsbereichs in anderen Direktionen angefallen ist".[478] Der zuständige Jugendsachbearbeiter kann die betreffenden Vorgänge anfordern. Allerdings scheint sich dieser Prozess nicht durchzusetzen: „Von 349 Vorgängen [für den Betrachtungszeitraum 1. August 2012 bis 28. Februar 2013], die nach diesem Wohnortprinzip in die Zuständigkeit der Abschnitte der Direktion 2 gefallen wären, sind lediglich 72 durch die Direktion 2 übernommen worden".[479] Deutlich wird das Defizit, wenn das gesamte Kalenderjahr 2013 betrachtet wird: „Von insgesamt stadtweit 1.010 Vorgängen mit jungen Straftätern mit Wohnort in der Direktion 2 wurden 164 Vorgänge übernommen".[480] Es bleibt daher abzuwarten, ob die anfänglichen Unzulänglichkeiten überwunden werden können, die Kooperationsbereitschaft in den einzelnen Direktionen und Abschnitten mit zunehmender Anwendung gesteigert werden kann und die Behördenleitung eine stadtweite, zentralisierte Jugendsachbearbeitung nach dem Wohnortprinzip befürwortet. Einer bezirksbegrenzten, am Wohnumfeld des Jugendlichen orientierten, regionalen Abschnittszuständigkeit wäre jedenfalls beizupflichten.

1. Berliner Modell

Sofern die Abschnittszuständigkeit besteht, ist der Ermittlungsbeamte nach der bisherigen Organisationsform (sog. Berliner Modell) gehalten, den Strafvorgang aufzunehmen und weitere Ermittlungstätigkeiten (z.B.

---

477 Zwischenbericht zum Probelauf, Einrichtung einer zentralisierten Jugendsachbearbeitung im Rahmen der strategischen Ausrichtung der Direktion 2 v. 11. April 2013, S. 1, unveröffentlicht.

478 Zwischenbericht zum Probelauf, Einrichtung einer zentralisierten Jugendsachbearbeitung im Rahmen der strategischen Ausrichtung der Direktion 2 v. 11. April 2013, S. 13, unveröffentlicht.

479 Zwischenbericht zum Probelauf v. 11. April 2013, Einrichtung einer zentralisierten Jugendsachbearbeitung im Rahmen der strategischen Ausrichtung der Direktion 2 v. 11. April 2013, S. 13, unveröffentlicht.

480 Fortschreibung zum Probelauf, Einrichtung einer zentralisierten Jugendsachbearbeitung im Rahmen der strategischen Ausrichtung der Direktion 2 v. 16. Mai 2014, S. 14, unveröffentlicht.

Zeugenvernehmung oder Beweissicherung) durchzuführen, den Abschlussbericht zu verfassen und die Aktenübersendung zu veranlassen. Diese Organisation und Zuständigkeitsordnung besteht – zunächst nur punktuell, dann flächendeckend – seit dem 11. Februar 1998. Das Berliner Modell diente der verstärkten Einbindung der Schutzpolizei in die Kriminalitätsbekämpfung[481], verbuchte aber Misserfolge, wie sich im Einzelnen dem Abschlussbericht zur Evaluation des Berliner Modells entnehmen lässt: „Die Bewältigung schutzpolizeilicher Kernaufgaben, also insbesondere die sichtbare Präsenz in der Öffentlichkeit, der Funkwageneinsatzdienst und die Sicherung von Veranstaltungen im Abschnittsbereich führten bei gleichzeitiger Bewältigung der kriminalpolizeilichen Sachbearbeitung sowie der verstärkten Heranziehung zu Alarmdiensten und anderen Aufgaben regelmäßig zu Zielkonflikten".[482]

2. Abschnittskommissariat

Seit dem 1. Januar 2014 organisiert sich die Berliner Polizei daher – teilweise – neu. Ein einjähriger Probelauf auf unterschiedlich stark ausgelasteten Abschnitten soll der Berliner Polizei zur neuen Organisation verhelfen. Die neue Abschnittsstruktur hat zur Folge, dass die Vorgangsbearbeitung aus dem Zuständigkeitskatalog der Dienstgruppen[483] herausgelöst und auf die Abschnittskommissariate übertragen wird. Damit führt das Abschnittsmodell zu einer Arbeitsteilung. Die Dienstgruppen können sich auf den Wach- und Funkwageneinsatzdienst und der damit einhergehenden 'Kiezpräsenz' konzentrieren, während die Abschnittskommissariate mit der Vorgangsbearbeitung betraut sind. Je nach Abschnittsleitung, regionaler Gegebenheit, Bedarf und Eignung finden sich Überschneidungen der Arbeitsprozesse. Die Vorgangsbearbeitung, d.h. Vernehmung des Be-

481 Probelauf einer neuen Abschnittsstruktur, S. 3.

482 Probelauf einer neuen Abschnittsstruktur, S. 3.

483 Innerhalb eines Abschnitts organisieren sich – je nach Abschnittsbelastung – vier bis fünf Dienstgruppen, vgl. 5.1 (3) Geschäftsanweisung PPr Stab Nr. 9/ 2010 v. 31. August 2010 über den täglichen Dienst der Abschnitte im Berliner Modell, S. 5, unveröffentlicht. Eine Dienstgruppe setzt sich in der Regel aus einem vier bis fünfköpfigen Ermittlungsteam zusammen. Innerhalb des Abschnitts sind diese für – vorher festgelegte – Regionen und Aufgaben zuständig, einsehbar unter: http://www.berlin.de/polizei/dienststellen/polizei-in-den-bezirken/direktion-6/abschnitt-62/ (zuletzt abgerufen am 10. März 2016).

schuldigten, Zeugenbefragung und gerade mit Blick auf die Jugendsachen die Kommunikation mit der Schule, die Kontaktaufnahme mit den Eltern, der Jugendgerichtshilfe und etwaige Rücksprachen mit der Jugendstaatsanwaltschaft sowie die abschließende Berichtsverfassung und Übersendung des Vorgangs, soll hingegen dem Abschnittskommissariat obliegen. Neben der gewünschten vermehrten Polizeipräsenz auf öffentlichen Plätzen dient das Abschnittsmodell mit der gleichbleibenden personellen Ausstattung dem „einheitlichen und gehobenen Qualitätsniveau in der Vorgangsbearbeitung“.[484]

3. Mehrwert für das Neuköllner Modell?

Das Abschnittsmodell könnte aufgrund der gleichbleibenden Zuständigkeit zu einer Wiederbelebung des Neuköllner Modells führen. Innerhalb eines Abschnitts sind einzelne Ermittlungsbeamte ausschließlich bis überwiegend und damit konstant mit Jugendsachen befasst. Diese verfügen über eine zusätzliche fachliche Eignung und sind mit den besonderen Anforderungen des Jugendgerichtsgesetzes vertraut.[485] Diese neu geschaffene Sachlage könnte nunmehr weitergedacht werden. Sondert man innerhalb eines Abschnitts von den bereits abgestellten Jugendsachbearbeitern eine verantwortliche Person für das Antragsverfahren nach dem Neuköllner Modell aus, hätte dies zur Folge, dass die Ingangsetzung und Durchführung der Verfahrensform von (mindestens) einer Person vollzogen wird. Das Ergebnis wäre ein sog. spezialisierter Kriminalsachbearbeiter. Diese Personenidentität kann im Hinblick auf das Neuköllner Modell in zweierlei Hinsicht einen Mehrwert erzeugen: einheitliche Anforderungen in der Verfahrensdurchführung und verbesserte institutionsübergreifende Kommunikation.

a. Einheitliche Anforderungen

Ist ein Polizeibeamter überwiegend mit dem Antragsverfahren betraut, beeinflusst dies in der Regel den ihm zugestandenen Beurteilungsspielraum

484 Probelauf einer neuen Abschnittsstruktur, S. 5.

485 Vgl. Rahmenrichtlinie v. 27. August 2007 über die Ausbildung und den Einsatz qualifizierter Jugendsachbearbeiter in Berlin, unveröffentlicht.

und führt nicht selten zu einer effizienteren Arbeitsweise.[486] Die Beurteilung, ob beispielsweise die Verfahrensform geeignet ist, Eignungskriterien vorliegen oder ggf. eine staatsanwaltschaftliche Ablehnung der Antragsart droht, erzeugt einen Erfahrungswert. Dieser Erfahrungswert muss nicht zwangsläufig zu 'steigenden Zahlen' führen, könnte jedoch als wertvolles Korrektiv in die Entscheidung mit einfließen.

Mit einer verfahrensgebundenen Verantwortlichkeit wäre nach außen und innen erkennbar, wer mit der Kriminalsachbearbeitung im Rahmen des Neuköllner Modells betraut ist. Dies hat mit Blick auf die erhoffte abschnittsübergreifende und institutionsübergreifende Zusammenarbeit den Vorteil, dass der Ansprechpartner eindeutig hervorgeht. Auch im Zweifelsfall kann dies hilfreich sein. Ist die Geeignetheit des Antragsverfahrens für den ermittelnden Polizeibeamten fraglich, findet sich mit dem spezialisierten Kriminalsachbearbeiter zunächst ein Ansprechpartner in den eigenen Reihen. Etwaige Hierarchien und psychische Hemmnisse – insbesondere im Zusammenspiel zwischen Polizei und Staatsanwaltschaft – lassen sich verringern.[487]

Hierbei ist es von besonderer Bedeutung, dass dem spezialisierten Kriminalsachbearbeiter keine kontrollierende oder dirigierende Funktion zukommt. Vielmehr sollte er überwiegend bzw. ausschließlich für die Kriminalsachbearbeitung zuständig sein. Ein vergleichbares Instrument findet sich in der Figur des sog. Diversionsmittlers[488] wieder.[489] Im Unterschied zum angeführten spezialisierten Kriminalsachbearbeiter ist der Diversionsmittler kein Ermittlungsbeamter, sondern in der Regel ein Sozialpädagoge.[490] Gemeinsamkeiten lassen sich dennoch ausmachen, denn das Ziel

486 „Die Erfahrungen im Rahmen der sukzessiven Umsetzung des „Neuköllner Modells" in den Polizeidirektionen 1, 5 und 6 zeigen, dass mit wachsender Beurteilungs- und Entscheidungssicherheit der polizeilichen Mitarbeiterinnen und Mitarbeiter mit steigenden Zahlen zu rechnen ist" Abgeordnetenhaus Berlin, Drucksache 16/ 14370, S. 1 f.

487 Vgl. hierzu Evaluation, S. 100.

488 Die Berufung der Diversionsmittler stützt sich auf § 45 Abs. 2 JGG, vgl. Haustein/ Nithammer, in: Arbeitsstelle für Kinder und Jugend, S. 87.

489 Seit Mai 2000 findet sich in jeder Berliner Polizeidirektion ein Diversionsmittler, vgl. Vorwort der Mitarbeiter der Arbeitsstelle für Kinder und Jugend, S. 10; Clearingstelle Jugendhilfe/ Polizei, Infoblatt Nr. 17, S. 2.

490 Haustein/ Nithammer, in: Arbeitsstelle für Kinder und Jugend, S. 95; Gemeinsame Allgemeine Verfügung über die vermehrte Anwendung des § 45 JGG im Verfahren gegen Jugendliche und Heranwachsende (Diversionsrichtlinie) in Berlin v. 24. August 2009, ABl. Nr. 43/ S. 2249 (2252).

einer schnellen, erzieherischen Reaktion auf die Straftaten Jugendlicher mit Hilfe einer konstanten Verantwortlichkeit liegt auch der Figur des Diversionsmittlers zugrunde.[491] Damit ist der Ansatz einer personen- und aufgabengebundenen Zuständigkeit kein echtes Novum. Bereits im Jahre 1994 wurde von der unabhängigen Kommission zur Verhinderung und Bekämpfung von Gewalt in Berlin auf eine täterorientierte Ermittlung gedrängt.[492] Im Mittelpunkt stand die Berufung von sog. Jugenddezernaten. Ziel der Jugenddezernate war die Herstellung einer Beziehungskonstante zwischen den Kriminalsachbearbeitern und den Jugendlichen. Eine derartige Beziehungskonstante liegt dem informellen Verfahren zugrunde, in Berlin findet sich in jeder Polizeidirektion ein Ansprechpartner für den Bereich Diversion.[493] Nichts Anderes lässt sich für das Antragsverfahren anstreben, denn auch in dieser Verfahrensform bedarf es einer Beziehungskonstante.

Im Ergebnis geht die Berufung eines spezialisierten Kriminalsachbearbeiters mit einer Verfahrensaufwertung einher, die Angesicht der stark divergierenden Fallzahlenaufkommen geboten wäre. Sofern vergleichbare Mindestvoraussetzungen geschaffen werden, lassen sich in den Abschnitten einheitliche Steuerungs- und Ablaufkriterien festlegen. Denkbar wäre dann eine Vernetzung der 37 Berliner Polizeiabschnitte durch die Institutionalisierung des spezialisierten Kriminalsachbearbeiters.

Anzahl der Verfahren nach dem Neuköllner Modell (in den Polizeidirektionen)

	2008	2009	2010	2011	2012	2013	2014
Dir.1	0	0	81	109	71	44	49
Dir.2	0	0	44	28	54	30	17
Dir.3	0	0	20	47	22	23	30
Dir.4	0	0	31	51	29	26	40
Dir.5	61	87	123	57	37	37	32

491 Krüger/ Bräuer, in: Kompass Spezial, 9/ 2014, S. 45: „Dazu verfügt jede örtliche Direktion über einen Diversionsmittler, welcher […] durch die Berliner Senatsverwaltung für Bildung, Wissenschaft und Forschung finanziert wird“; vgl. auch Haustein/Nithammer, in: Arbeitsstelle für Kinder und Jugend, S. 86; Clearingstelle Jugendhilfe/ Polizei, Infoblatt Nr. 17, S. 2.

492 Kant/ Hohmeyer in: Bürgerrechte & Polizei/CILIP 63 (Nr. 2/ 1999).

493 Clearingstelle Jugendhilfe/ Polizei, Infoblatt Nr. 17, S. 2.

	2008	2009	2010	2011	2012	2013	2014
Dir.6	0	32	73	59	78	86	98
LKA	0	0	0	7	1	0	1
Gesamt	61	119	372	358	292	246	267

(Quelle: Jugenddelinquenz in Berlin, Jahresbericht 2014, S. 21)

b. Informationsbeschaffungsprozesse

Im Rahmen des Neuköllner Modells ist der Ermittlungsbeamte auf einen regen Informationsaustausch mit der Jugendhilfe, der Schule und anderen Institutionen, insbesondere aber mit der Jugendstaatsanwaltschaft angewiesen. Das Neuköllner Modell erhält seine wesentliche Beschleunigung durch die frühzeitige „Abstimmung zwischen Polizei und Staatsanwaltschaft über den Ermittlungsumfang sowie die anschließende, beschleunigte polizeiliche Sachbearbeitung".[494] Der Informationsaustausch und die Absprache rücken somit in den Mittelpunkt. Zugleich besteht an dieser Stelle noch Verbesserungsbedarf, denn „die Vorstellung, schnell und informell einen Fall am Telefon zu besprechen, ist den meisten Polizeibeamten eher fremd".[495] Der Informationsaustausch unterliegt einerseits den gesetzlichen Vorgaben[496], andererseits setzt dieser – als ungeschriebenes Tatbestandsmerkmal – ein Vertrauensverhältnis voraus. Sind die informationsgebenden- oder empfangenden Stellen fortlaufend mit unterschiedlichen Personen besetzt, trägt dies nicht unbedingt zur notwendigen Vertrauensbildung bei. Für eine behörden- bzw. institutionsübergreifende Zusammenarbeit ist der „Bekanntheitsgrad unter den Akteuren bedeutsam".[497] Anonyme Zuständigkeits- und Organisationsstrukturen sind „für das NKM kontraproduktiv".[498] Die Entscheidung für einen spezialisierten Kriminalsachbearbeiter könnte dem Abhilfe leisten.

494 Abgeordnetenhaus Berlin, Drucksache 16/ 13899, S. 1.
495 Evaluation, S. 96 f.
496 Vgl. § 161 StPO, §§ 68, 73 SGB X, §§ 44, 45 ASOG Bln.
497 Evaluation, S. 36.
498 Evaluation, S. 36.

Zwischenergebnis

Die Institutionalisierung eines spezialisierten Kriminalsachbearbeiters wird durch die neue Abschnittsstruktur der Berliner Polizei begünstigt. Die Vorgangsbearbeitung wurde auf die konstant bzw. in der Regel gleich besetzten Abschnittskommissariate verlagert. Eine vergleichbare Konzentration war im Berliner Modell auf Grund der hohen Fluktuation und Rotation in den einzelnen Abschnitten und Dienstgruppen problematisch. Das zeitweilige Abberufen der Ermittlungsbeamten führte zu langen Liegezeiten der Akten. Die speziell für das Neuköllner Modell erforderliche Kontinuität und Beschleunigung konnte im Berliner Modell daher nicht ausreichend aufgebracht werden. Mit der neuen Abschnittsstruktur lässt sich eine thematisch gebundene, effizientere Kriminalsachbearbeitung verwirklichen. Die Personenidentität würde den Tätigkeitsbereich begrenzen.

Auch die angedachten Vernetzungsvorhaben lassen sich mit einer aufgabengebundenen Zuständigkeit einfacher und effizienter gestalten, da lediglich die besonders spezialisierten Kriminalsachbearbeiter und nicht alle Jugendsachbearbeiter 'betroffen' wären. Die Jugendstaatsanwaltschaft hätte klare Ansprechpartner und die Möglichkeit, frühzeitig auf das Verfahren Einfluss zu nehmen. Die enge Zusammenarbeit kann sich auch über den Verfahrensabschluss hinaus auswirken, denn entgegen der Benachrichtigungspflicht aus § 482 II StPO[499] werden die Ermittlungsbeamten nur selten von dem Verfahrensausgang in Kenntnis gesetzt.[500] Eine Rückmeldung ist mit Blick auf künftige Verfahren und Entscheidungsprozesse von besonderer Bedeutung. Eine gleichbleibende Zuständigkeit kann diesen Informationsfluss fördern und Rückfragen zu Verfahrensausgängen erleichtern. Abschließend ist dem noch hinzuzufügen, dass die Institutionalisierung eines spezialisierten Kriminalsachbearbeiters, entgegen etwaiger An-

---

499 SK-StPO/ Weßlau, Band VIII, § 482 Rn. 3; Hilger, in: Löwe-Rosenberg, Band 9, § 482 Rn. 3.

500 „Für Polizeibeamte frustrierend ist hingegen, dass sie nur selten über die Verfahrensausgänge unterrichtet werden. Im Rahmen des NKM wurde zur Vermeidung dieser Frustration und damit zur Stärkung der Motivation, sich am NKM zu beteiligen, der Rückmeldebogen eingeführt. Dieser soll im Fall der Ablehnung vom Staatsanwalt bzw. am Ende des Verfahrens vom Jugendrichter ausgefüllt an den Jugend- und Diversionsbeauftragten der Polizei geschickt werden, was aber in der Praxis nur selten erfolgt“ Evaluation, S. 93 f.

nahme[501], mit keinem nennenswerten Mehraufwand oder Mehrkosten verbunden ist[502] und in die Entscheidungskompetenz eines Abschnittsleiters[503] fällt.

501 „Und schließlich bindet das Neuköllner Modell bei der Polizei und Staatsanwaltschaft unnötig viele Personalressourcen, die an anderer Stelle dringender benötigt werden", Frenzel, in: ZJJ 2011, 70.

502 Abgeordnetenhaus Berlin, Drucksache 16/ 12954, S. 2.

503 Vgl. Evaluation, S. 111.

I. Kernbereich II: Einsichtsrecht der Ermittlungsbeamten in das Erziehungsregister

Wird der Jugendliche bei jedem Verdachtsmoment mit seiner Tat konfrontiert, gelingt ihm womöglich nicht der entscheidende Schritt aus der Kriminalität in ein rechtskonformes Leben. Die eingeschränkte Außenwirkung des Erziehungsregisters soll die Stigmatisierung eindämmen.[504] Der Jugendliche soll durch seine strafrechtliche Verfehlung weder 'gebrandmarkt' werden, noch die Unvoreingenommenheit Dritter verlieren. Der Rückgriff auf die strafrechtliche Vergangenheit des Jugendlichen soll nur bedingt möglich sein, um ein gegenwärtiges und zukünftiges, straffreies Leben, nicht zu erschweren.

Im Grunde ist dies ein nachvollziehbarer Gedanke, welcher sich auch in den Mindestgrundsätzen der Vereinten Nationen für die Jugendgerichtsbarkeit wiederfindet.[505] Gegenüber Dritten – sei es der Arbeitgeber, andere nahestehende Personen oder Institutionen – ist die fehlende Einsichtsmöglichkeit in vollem Umfang zu begrüßen. Einwände sind aber mit Blick auf das eingeschränkte Informationsrecht der Ermittlungsbeamten zu erheben. Das Wissen um bereits geführte Verfahren beeinflusst die Handhabe der Beamten insbesondere dann, wenn den Ermittlungsbeamten ein gewisses Einordnungs- und Wahlrecht zusteht. Dem ermittelnden Beamten wird im informellen Verfahren nach § 45 I, II JGG eine eigenständige Beurteilungskompetenz[506] zugestanden. Mit dem Antragsverfahren nach dem Neuköllner Modell steht dem Ermittlungsbeamten ein Vorschlagsrecht zu. In beiden Konstellationen kann die Frage, ob im Rahmen der Diversion oder im Antragsverfahren bereits verfahren wurde, entscheidend sein. Erst mit diesem Informationsgehalt kann der ermittelnde Beamte sein Ermessen pflichtgemäß ausüben. Ein Vorschlagsrecht oder ein Beurteilungsspielraum kann daher nur dann ordnungsgemäß ausgeübt werden, wenn

504 Meier/ Rössner/ Schöch, S. 307 Rn. 41.

505 „Register mit Eintragungen über jugendliche Täter sind streng vertraulich zu behandeln; Dritten wird keine Auskunft gewährt“ Rahmenbestimmungen der Vereinten Nationen für die Jugendgerichtsbarkeit (Beijing-Regeln) v. 29. November 1985, abgedruckt in: ZStW 99 (1987), S. 253 (278).

506 Elsner, S. 71.

auf die zur Entscheidungsfindung benötigten Informationen zurückgegriffen werden kann. Da ein Stufenverhältnis zwischen den beiden Verfahrensformen besteht, sollte der Ermittlungsbeamte selbstständig in Erfahrung bringen können, ob eine Einstellung nach §§ 45, 47 JGG bereits ergangen ist, oder ein Antragsverfahren nach dem Neuköllner Modell durchgeführt wurde. Daher sollte dem ermittelnden Polizeibeamten ein eigenständiges Einsichtsrecht gewährt werden. Es wäre widersprüchlich, dem Ermittlungsbeamten einerseits ein gewisses Ermessen einzuräumen, ihm andererseits entscheidungserhebliche Informationen vorzuenthalten. Unterstützt wird dieser Ansatz durch § 492 III S. 2 StPO. Warum der Gesetzgeber den Ermittlungsbeamten die Einsicht in das ZStV gewährt, das Einsichtsrecht in das Erziehungsregister mit weniger Informationsgehalt letztlich aber verwehrt, kann nicht nachvollzogen werden. Die Einräumung eines Einsichtsrechts in das Erziehungsregister wäre konsequent und würde den Wertungswiderspruch auflösen.

Der (erstgenannte) Nachname des Beschuldigten auf dem POLIKS-Vordruck begründet – der staatsanwaltschaftlichen Geschäftsverteilung zufolge – die Zuständigkeit eines Dezernenten. Die räumliche Nähe zum Wohnort oder dem sozialen Umfeld, m.a.W. eine bezirksorientierte- bzw. regional begrenzte Zuständigkeit, sah die Geschäftsverteilung der Staatsanwaltschaft in Berlin grundsätzlich nicht vor. Die Buchstabenzuständigkeit führte zur landesweiten Zuständigkeit der Jugendstaatsanwälte und berücksichtigt nicht die zum Teil gegenläufige (bezirksorientierte) Zuständigkeit der Jugendrichter, die Abschnittszuständigkeit der Ermittlungsbeamten und die nach Bezirksregionen agierende Jugendhilfe.[507] Mit der Pressemitteilung v. 4. Mai 2015[508] soll sich diese Geschäftsverteilung partiell ändern. Der Berliner Senator für Justiz und Verbraucherschutz stellte mit dem sog. Institut *der Staatsanwaltschaft für den Ort* ein Pilotvorhaben zur Umstrukturierung der Berliner Jugendstaatsanwaltschaft vor. Mit diesem Vorhaben gehe „die Staatsanwaltschaft [...] neue Wege im Kampf gegen die Jugendkriminalität: Im Rahmen des Pilotvorhabens [...] werden die Zuständigkeiten für die Strafverfolgung jugendlicher Straftäter aus Neukölln ab 1. Juli 2015 grundlegend neu geordnet.[509] Eingeleitet wurde die Umstrukturierung durch die Senatsverwaltung für Justiz und Verbraucherschutz mittels einer externen ministeriellen Weisung, vgl. §§ 146, 147 Nr. 2 GVG. Das Instrument des Weisungsrechts ist umstritten[510] und wur-

507 Vgl. Ausführungsvorschriften über die Zuständigkeit der Jugendämter auf dem Gebiet der Kinder- und Jugendhilfe (AV ZustJug) in Berlin v. 21. Dezember 2011 ABl. Nr. 1/ S. 2, zuletzt geändert am 9. Oktober 2014, ABl. Nr. 46/ S. 2062.

508 Pressemitteilung Nr. 19/2015 v. 4. Mai 2015, einsehbar unter: http://www.berlin.de/sen/justv/presse/pressemitteilungen/2015/pressemitteilung.340092.php (zuletzt abgerufen am 10. März 2016).

509 Pressemitteilung Nr. 19/ 2015 v. 4. Mai 2015, einsehbar unter: http://www.berlin.de/sen/justv/presse/pressemitteilungen/2015/pressemitteilung.340092.php (zuletzt abgerufen am 10. März 2016).

510 Transparency International Deutschland e.V. hält das Weisungsrecht durch die Exekutive für nicht mehr zeitgemäß, vgl. Stellungnahme an den Schleswig-Holsteinischen Landtag, Innen- und Rechtsausschuss v. 1. April 2014, einsehbar unter: https://www.transparency.de/fileadmin/pdfs/Themen/Justiz/Stellungnahme_Marten_Hueper_Weisungsrecht_14-04-02.pdf (zuletzt abgerufen am

de bereits zum Gegenstand der Justizministerkonferenz der Länder[511] gemacht.[512] Die Berliner Senatsverwaltung für Justiz und Verbraucherschutz bezieht auf Anfrage des Abgeordneten Dr. Simon Weiß v. 28. Januar 2014[513] wie folgt Stellung:

> *„Sachlich gründet sich die ministerielle Aufsichts- und Leitungsbefugnis auf den aus dem Demokratie- und dem Rechtsstaatsprinzip abgeleiteten Grundsatz der parlamentarischen Verantwortlichkeit der Regierung, welche einen ministerialfreien Raum – auch – auf dem Gebiet der Strafverfolgung nicht zulässt. Zur parlamentarischen Demokratie gehört es wesensnotwendig, dass die Exekutive durch das Parlament kontrolliert wird und dass die Fachministerinnen und Fachminister die Verantwortung für ihr Ressort tragen. Aus der dargelegten Aufsichts- und Leitungsbefugnis der Senatsverwaltung für Justiz und Verbraucherschutz folgt das ministerielle – externe – Weisungsrecht, mit dem die rechtmäßige und ordnungsgemäße Erledigung der Aufgaben der nachgeordneten Behörden sichergestellt werden soll. Externe Weisungen können allgemeiner Natur sein oder einen Einzelfall betreffen, schriftlich oder mündlich ergehen, verbindliche Anordnungen über Rechtsauslegungen oder Tatsachenentscheidungen enthalten sowie die Organisation der Staatsanwaltschaft regeln“.*[514]

---

10. März 2016); Vgl. hierzu auch Schleswig-Holsteinischer Landtag, Entwurf eines Gesetzes zur Schaffung von Transparenz politischer Weisungen gegenüber Staatsanwälten, Drucksache 18/ 1660; Schleswig-Holsteinischer Landtag, Änderungsantrag der SPD, Bündnis 90/Die Grünen und SSW zum Entwurf eines Gesetzes zur Schaffung von Transparenz politischer Weisungen gegenüber Staatsanwälten, Drucksache 18/ 3362; Länderkompetenzen stärken – Neue Formen staatsanwaltschaftlicher Organisation ermöglichen, Schleswig-Holsteinischer Landtag, Antrag der Fraktion der CDU, Drucksache 18/ 1422; Politisches Weisungsrecht gegenüber Staatsanwälten abschaffen, Schleswig-Holsteinischer Landtag, selbstverwaltete Justiz ermöglichen, Änderungsantrag der Fraktionen der PIRATEN, Drucksache 18/ 1515; Thüringer Rechnungshofs, Dr. Sebastian Dette, Stellungnahme zum politischen Weisungsrecht v. 1. August 2014 an die Präsidentin des Landtags Nordrhein-Westfalen, einsehbar unter: http://www.landtag.nrw.de/portal/WWW/dokumentenarchiv/Dokument/MMST16-1924.pdf (zuletzt abgerufen am 10. März 2016).

511 Herbstkonferenz der Justizminister v. 14. November 2013 zur Überprüfung des externen Weisungsrechts der Justizverwaltungen gegenüber den Staatsanwaltschaften, vgl. Staatsministerium der Justiz Sachsen, Pressemitteilung vom 12. November 2013, einsehbar unter: http://www.justiz.sachsen.de/smj/content/3184.php (zuletzt abgerufen am 10. März 2016).

512 Zur möglichen Kollision mit dem Leitbild eines unabhängigen Europäischen Staatsanwalts gemäß Art. 86 AEUV Rautenberg, in: Neue Justiz 2003, 169 (170).

513 Abgeordnetenhaus Berlin, Drucksache 17/ 13138, S. 1 f.

514 Abgeordnetenhaus Berlin, Drucksache 17/ 13138, S. 1.

Das Projekt 'der Staatsanwaltschaft für den Ort' sieht eine teilweise regionale Zuständigkeit von Jugendstaatsanwälten vor und betrifft daher die Organisation der Staatsanwaltschaft. Die Behördenleitung der Staatsanwaltschaft gründete – Stand Juli 2015 – eine Abteilung mit fünf Dezernenten, deren Zuständigkeiten aus der Buchstabenordnung gelöst wurden und nunmehr regional, d.h. durch den Wohnort des Beschuldigten, bestimmt werden. Der Probelauf konzentriert sich ausschließlich auf den Berliner Bezirk Neukölln und ist zunächst auf eine dreijährige Probezeit angelegt. Hat der Beschuldigte zum Zeitpunkt der Tat seinen Wohnsitz im Berliner Bezirk Neukölln, begründet dies die Zuständigkeit des Jugendstaatsanwaltes. Dies gilt auch im Falle einer gemeinschaftlichen Tatbegehung, sofern mindestens ein Beschuldigter seinen Wohnsitz im Bezirk hat. Spezialabteilungen, darunter auch die Abteilung für aktiv handelnde Jugendliche und Heranwachsende[515], bleiben von der besonderen regionalen Zuständigkeit unberührt.

Im Vordergrund der vorgenommenen regionalen Zuständigkeit steht jedoch weniger die Personalunion in Bezug auf Dezernent und Delinquent, denn diese wäre auch im Rahmen der Buchstabenordnung grundsätzlich gegeben, als die Kenntnis der regionalen Gegebenheiten und der Austausch mit den ebenfalls regional zuständigen Dezernenten sowie den für den Bezirk zuständigen Jugendrichtern. Der Erhalt der Spezialabteilungen, die der Spezialzuweisung unterliegen, könnte dazu führen, dass sich der Verfahrensgegenstand der regional zuständigen Dezernenten auf die leichte bis mittlere Kriminalität konzentriert. Gemeinsam mit den avisierten regional zuständigen Dezernenten könnte dies eine einheitliche Entscheidungspraxis fördern und helfen, den Austausch und die Kommunikation der Verfahrensbeteiligten zu stärken und Verfahrensausgänge zu kommunizieren. Neben dem kriminalpolitischen Signal tritt eine Aufwertung und Stabilisierung der institutions- und behördenübergreifenden Zusammenarbeit ein.

In summa ist das Pilotvorhaben zu begrüßen, denn mit der regionalen Zuständigkeit der Dezernenten können Ermittlungsbeamte, Jugendrichter[516] und Vertreter der Jugendhilfe auf Ansprechpartner zurückgreifen,

515 Vgl. zur Anzahl und bezirklichen Verteilung der aktiv handelnden Täter in Berlin Abgeordnetenhaus Berlin, Drucksache 17/ 15413, S. 1.

516 a.A. Evaluation, S. 95: „Die Kooperation zwischen Richtern und Staatsanwälten ist für ein funktionierendes NKM eher nebensächlich, ist aber aufgrund der unterschiedlichen Organisationsprinzipien kompliziert“.

die über regionale Kenntnisse ihres Zuständigkeitsgebiets verfügen. Diese veränderte Zuständigkeitsordnung könnte die Verfahrenskoordination erleichtern, die in Rede gebrachten Ablehnungszahlen reduzieren[517] und zur Fortentwicklung des Neuköllner Modells beitragen.

Zweifelhaft erscheint, ob es der Sache dienlich ist, dass bei der Frage nach dem Standort des Probelaufs die Wahl auf den Berliner Bezirk Neukölln fiel. Eminent ist die Anzahl von aktiv handelnden Tätern, die einer Sonderzuweisung unterliegen. Zudem greift im Berliner Bezirk Neukölln und den angrenzenden Bezirken das Tatortprinzip, das die Zuständigkeit der Ermittlungsbeamten begründet und keinen Bezug zum Wohnort des Delinquenten hat. Mit Blick auf das zugrundeliegende Wohnortprinzip in der Polizeidirektion 2 stellt sich die Frage, warum der Probelauf nicht auf den Bezirk Spandau konzentriert wurde. Die ortsgebundene und bezirksbegrenzte Zuständigkeit der Jugendstaatsanwälte würde sich in die zentralisierte Jugendsachbearbeitung der Ermittlungsbeamten eingliedern. Die Vorgänge ließen sich auf diesem Wege örtlich und personell bündeln. Denkbar ist, dass die Entscheidung für den Bezirk Neukölln dem medialen und gesellschaftspolitischen Diskurs zuzurechnen ist. Nach Ablauf des dreijährigen Probelaufs wäre jedenfalls, neben der Ausweitung auf den Bezirk Spandau, eine wissenschaftliche Auswertung zu empfehlen.

517 Evaluation, S. 74.

K. Kernbereich IV: Richtlinie für das Neuköllner Modell

Das bereits an anderer Stelle erwähnte Weisungsrecht aus §§ 146, 147 GVG ermöglicht den Erlass normkonkretisierender bundeseinheitlicher Richtlinien.[518] Darüber hinausgehende Ergänzungen können die Länder durch den Erlass von allgemeinen Verfügungen, Verwaltungsvorschriften und Runderlassen vornehmen. Die Senatsverwaltungen in Berlin für Justiz, für Inneres und Sport, für Bildung, Wissenschaft und Forschung haben in Form einer Gemeinsamen Allgemeinen Verfügung von der ihr gemäß § 6 II lit. b AZG Bln zugestandenen Kompetenz Gebrauch gemacht und zum Zwecke der vermehrten Anwendung des § 45 JGG im Verfahren gegen Jugendliche und Heranwachsende eine sog. Diversionsrichtlinie erlassen:

> *„Ziel der Diversionsrichtlinie ist es, die einheitliche Handhabung der Diversion zu fördern und den Verfahrensbeteiligten, Staatsanwaltschaft, Polizei und Jugendhilfe, Anregungen und Hinweise zum Diversionsverfahren zu geben […]“.*[519]

Näher bestimmt werden im Rahmen der Diversionsrichtlinie nicht nur die gesetzlichen Voraussetzungen des § 45 I bis III JGG, d.h. die Frage, wann ein informelles Verfahren in Betracht zu ziehen ist, sondern die Richtlinie zeigt – differenziert nach Einstellungsoptionen – auch den Verfahrenshergang auf. Sie konkretisiert auch Verfahrensvoraussetzungen, motiviert zur Rücksprache und verzahnt die Zusammenarbeit zwischen Jugendstaatsanwaltschaft, Jugendgerichtshilfe und Polizei in den einzelnen Verfahrensstadien. Weiterhin verdeutlicht sie die Kompetenzen der Polizeibeamten im informellen Verfahren und richtet die polizeiliche Ermittlungstätigkeiten auf die speziellen Anforderungen des informellen Verfahrens aus.[520] Ähnlich weitreichende Konkretisierungsvorschriften[521] finden sich in 14

518 Vgl. zur RiStBV und der RLJGG Heinemann, S. 16.

519 Gemeinsame Allgemeine Verfügung über die vermehrte Anwendung des § 45 JGG im Verfahren gegen Jugendliche und Heranwachsende (Diversionsrichtlinie) in Berlin v. 24. August 2009, ABl. Nr. 43/ S. 2249.

520 Vgl. zur diversionsorientierten Ermittlungstätigkeit der Polizei Heinemann, S. 25.

521 Vgl. zur Reichweite der Diversionsrichtlinien in den Ländern Heinemann, S. 16 f.

Ländern[522], denn „durch die Schaffung von Richtlinien sollte in Deutschland eine einheitliche Rechtsanwendung der jugendstrafrechtlichen Diversionsvorschriften sichergestellt werden".[523] Interessant ist in diesem Zusammenhang, dass die Richtlinie nicht nur einen landesweiten einheitlichen Verfahrensablauf anstrebt. Auch der materiell-rechtliche Anwendungsbereich des informellen Verfahrens wird mit Hilfe einer 'Checkliste' konkretisiert und durch die Nennung von Straftatbeständen, Unter- und

522 Gemeinsamer Runderlass in Hessen v. 22. Dezember 1989, unveröffentlicht; Gemeinsame Verwaltungsvorschrift zur Zusammenarbeit von Staatsanwaltschaft, Polizei und Jugendhilfe bei Straftaten jugendlicher und heranwachsender Beschuldigter sowie delinquentem Verhalten von Kindern v. 20. Dezember 2004, abgedruckt in: Die Justiz 2005, S. 72, zuletzt geändert durch Verwaltungsvorschrift v. 13 Dezember 2011, Die Justiz 2012, S. 7; Gemeinsamer Runderlass in Brandenburg v. 22. Dezember 2000, JMBl. 2001 S. 23 zuletzt geändert durch Gemeinsamen Runderlass v. 6. Februar 2003, JMBl. S. 30; Gemeinsame Richtlinie in Bremen zur Anwendung des § 45 Jugendgerichtsgesetzes bei jugendlichen und heranwachsenden Beschuldigten v. 30. April 2010, einsehbar unter: http://www.dvjj.de/sites/default/files/medien/imce/documente/themenschwerpunkte/diversionsrichtlinien-bremen.pdf (zuletzt abgerufen am 10. März 2016); Rundverfügung der Generalstaatsanwältin in Hamburg, Uhlig-van Buren a.D., v. 2. Januar 2001, abgedruckt in: Heinemann, Anhang LXVI; Richtlinie zur Förderung der Diversion bei jugendlichen und heranwachsenden Beschuldigten für das Land Mecklenburg-Vorpommern v. 23. Januar, AmtsBl. M-V 2004 S. 406; Richtlinie für die Bearbeitung von Ermittlungsverfahren in Jugendstrafsachen bei jugendtypischem Fehlverhalten für das Land Niedersachsen v. 15. Januar 2007, Nds. MBl. S. 115; Richtlinien zur Förderung der Diversion im Jugendstrafverfahren in Nordrhein-Westfalen v. 13. Juli 2004, JMBl. NRW S. 190; Diversionsstrategie für die Praxis des Jugendstaatsanwalts nach § 45 JGG, Gemeinsames Rundschreiben v. 31. Juli 1987, Justizblatt Rheinland-Pfalz 1987, S. 188 geändert durch Gemeinsames Rundschreiben v. 1. April 1993 Justizblatt Rheinland-Pfalz 1993, S. 105; Richtlinie für Diversionsverfahren im Saarland v. 3. Januar 1992 Amtsbl. S. 62, zuletzt geändert durch Erlass v. 18. Juni 1996 GMBl. S. 220; Verwaltungsvorschrift zur Förderung der Diversion bei jugendlichen und heranwachsenden Beschuldigten in Sachsen v. 27. August 1999, geändert durch Verwaltungsvorschrift v. 29. September 2001 SächsABl. S. 1156; Richtlinie und Empfehlungen für die Bearbeitung von Jugendstrafsachen gemäß §§ 45 und 47 des Jugendgerichtsgesetzes in Sachsen-Anhalt v. 13. Dezember 2002, JMBl. LSA Nr. 52, 2002 S. 345; Richtlinien zur Förderung der Diversion bei jugendlichen und heranwachsenden Beschuldigten in Schleswig-Holstein, SchlHA S. 204; Einstellung von Jugendstrafverfahren nach den §§ 45, 47 des Jugendgerichtsgesetzes in Thüringen, Verwaltungsvorschrift v. 25. April 1996 (4210 -1/95).

523 Heinemann, S. 16.

Obergrenzen bei Schadenshöhen und sachlich-räumlichen Tatsituationen eingeschränkt.

Die Zielbestimmungen, die der Diversionsrichtlinie zugrunde gelegen haben, namentlich die Ausschöpfung der Anwendungsmöglichkeiten, eine gleichmäßige Handhabung in allen Berliner Bezirken sowie die Förderung eines landesweit einheitlichen Verfahrensablaufs, die Präzisierung der verfahrensspezifischen Kompetenzen in Reichweite und Tiefe sowie die Angabe von Anwendungsbeispielen, die sich nicht auf Tatbestände beschränken, sondern die räumlich-sachlichen Tatzusammenhänge berücksichtigen, sprechen in gleichem Umfang und Gewicht für eine allgemeinverbindliche Verschriftlichung des Neuköllner Modells. Die vergleichbare Ausgangslage dürfte den Gedanken einer Verschriftlichung unterstützen. Vergleichbar ist zudem das Bestreben einer institutions- und behördenübergreifenden Zusammenarbeit, welche sowohl dem informellen Verfahren als auch dem Neuköllner Modell zugrunde liegt. Der aus der Diversionsrichtlinie gewonnene Mehrwert, d.h. die Normierung eines persönlich-sachlichen Anwendungsbereichs und dessen Verfahrensvoraussetzungen, ist beachtlich und sollte für das Neuköllner Modell in Betracht gezogen werden.

Abhilfe leisten könnte eine von der Senatskanzlei auf dem Weg gebrachte gemeinsame, d.h. senatsübergreifende Verordnung, die die Belange der Ermittlungsbeamten und die der Jugendstaatsanwaltschaft in Berlin hinreichend berücksichtigt und einheitlich festlegt. Beachtlich wäre die kriminalpolitische Signalwirkung, die von einer derart gestalteten Richtlinie ausgehen dürfte. Denn mit der Entscheidung für eine rechtsverbindliche Richtlinie geht eine positive, auf die Zukunft gerichtete Entscheidung für das Neuköllner Modell einher. Angesichts der Tatsache, dass das besonders beschleunigte Verfahren nach dem Neuköllner Modell seinen Platz nur bedingt gefunden hat und unter Berücksichtigung der rückläufigen Fallzahlen wäre diese kriminalpolitische Aufwertung zu begrüßen.

L. Kernbereich V: Wiedereinführung der richterlichen regionalen Zuständigkeit

I. Verfahrenskonzentration

Ein Grundgedanken des Jugendstrafverfahrens ist die Verfahrenskonzentration.[524] Die Konzentrationswirkung umfasst die „insgesamt zum Ausdruck gekommene Wertung des Gesetzgebers, die Verfahren jeweils täterbezogen unter Vorrang des Erziehungsgedankens durchzuführen“.[525] Die täterbezogene Ausgestaltung stellt sicher, dass während des Strafverfahrens „die persönlichen Bindungen des Minderjährigen und die Einheit seiner Erziehung berücksichtigt werden“.[526] Grundsätzlich ist somit die „besondere Entscheidungsnähe des Richters am Wohnort“[527] des Delinquenten von besonderer Bedeutung. Die Verfahrenskonzentration verfolgt auch den Zweck, den Jugendrichter bei wiederholter Strafauffälligkeit an die sozialen und familiären Verhältnisse, mithin an die Person des Delinquenten, heranzuführen.[528] Dies hat zur Folge, dass die schulischen oder beruflichen Defizite besser berücksichtigt und bewertet werden können. Die Verfahrenskonzentration ist mit einer umfassenden und wiederkehrenden personen- und ortsgebundenen Zuständigkeit des Jugendrichters verbunden.

> *„Ziel der gesetzlichen Regelung ist es, das gesamte Jugendgerichtsverfahren, beginnend bereits mit dem Ermittlungsverfahren, bei einem Richter mit besonderer Sachkunde und Erfahrung zu konzentrieren“.*[529]

---

524 Vgl. hierzu BVerfG, Beschl. v. 12. Mai 2005 – 2 BvR 332/05, NStZ-RR 2005, 279 (280).

525 Lange, in: NStZ 1995, 110 (111).

526 Lange, in: NStZ 1995, 110 (111).

527 Lange, in: NStZ 1995, 110 (112).

528 „Wichtig ist auch eine an der Person des Minderjährigen orientierte Konzentration der Strafsachen, falls gegen ihn noch weitere Vorwürfe anhängig sind“, Lange, in: NStZ 1995, 110 (112).

529 BVerfG, Beschl. v. 12. Mai 2005 – 2 BvR 332/05, NStZ-RR 2005, 279 (280) zum Rechtsgedanken des § 37 JGG.

Mit der Schaffung des Bezirksjugendrichters nach § 33 III JGG hat der Gesetzgeber die Verfahrenskonzentration auch an anderer Stelle vorgesehen. § 33 III JGG erlaubt den Ländern, sofern für einen Bezirk mehrere Amtsgerichte örtlich zuständig sind, einen Bezirksjugendrichter zu benennen, der sich mit einer alleinigen Zuständigkeit der Jugendstrafsachen annimmt.[530] Insoweit ermöglicht der Gesetzgeber durch § 33 III JGG i.V.m. den zu erlassenen Rechtsverordnungen den Ländern zugunsten der Verfahrenskonzentration von den örtlichen Zuständigkeiten abzuweichen.[531] Neben der personellen Konzentration kann der Bezirksjugendrichter eine „einheitliche Spruchpraxis"[532] fördern.[533]

II. Verfahrenskonzentration im Neuköllner Modell

Eingebettet in eine zentrale Strafgerichtsbarkeit verfügt Berlin derzeit über 30 Jugendrichter mit ca. 25,8 Pensen.[534] Der Gedanke der Verfahrenskonzentration müsste daher freilich an die regionalen Gegebenheiten angepasst werden. Wesentliche Elemente wurden im Neuköllner Modell aufgegriffen:

> *„Wir haben uns den jeweiligen Zuschnitt der Polizeiabschnitte angesehen und versucht, auch die regional zuständigen Abteilungen der Jugendgerichtshilfe in unsere Überlegungen einzubeziehen. Auf diese Weise kamen wir speziell für das problematische Nord-Neukölln zu einer Verteilung der Zuständigkeiten derart, dass drei Richter für zwei Polizeiabschnitte und zwei Bereiche des Jugendamtes zuständig sind".*[535]

---

530 „Die Funktion des sog. Bezirksjugendrichters besteht darin, die örtliche Zuständigkeit zu bündeln und personell möglichst auf einen einzigen Strafrichter als Jugendrichter zu übertragen. Die Konzentrationsmöglichkeit entspricht unmittelbar dem Prinzip der sachlichen Bündelung nach § 34 [JGG] sowie mittelbar § 37 [JGG], wonach die betreffenden (Bezirks-)Richter erzieherisch-pädagogisch befähigt sein sollen und möglichst eine Richterperson mit allen forensisch-erzieherischen Aufgaben betraut sein soll [...]", HK-JGG/ Czerner, § 33 Rn. 17; vgl. hierzu auch Streng, S. 52 Rn. 89.

531 Streng, S. 52 Rn. 89.

532 HK-JGG/ Czerner, § 33 Rn. 17.

533 Zu der dem § 34 JGG innewohnenden Konzentrationswirkung Reichenbach, in: NStZ 2005, 617 (618).

534 Stand: März 2016.

535 Heisig, S. 178.

Die bewusste richterliche Bezogenheit für abgegrenzte Abschnitte innerhalb eines Bezirks erinnert stark an den Grundgedanken des § 33 III JGG. Gemeinsamkeiten finden sich im Hinblick auf die besondere Entscheidungsnähe des Richters am Wohnort des Delinquenten, die Konzentration der Strafverfahren bei wiederholter Strafauffälligkeit und die Förderung einer einheitlichen Spruchpraxis durch Personenidentität. Mit einem anonymisierten Verteilungssystem lässt sich dies nur bedingt umsetzen. Es kommt zu einer ständig wechselnden richterlichen Zuständigkeit innerhalb des Bezirks und konterkariert im Ergebnis den beabsichtigten Grundgedanken der Verfahrenskonzentration.

III. Verfahrenskonzentration und die regionale Zuständigkeit der Jugendrichter

Eine wiederkehrende richterliche Zuständigkeit kann dem Einzelnen zugutekommen, weil sein Verhalten in den Gesamtkontext seiner Entwicklungsgeschichte eingebettet werden kann. Mit Blick auf die Förderung des Legalverhaltens erwies es sich „vor allem bei jugendlichen Tätern [...] als hilfreich, familiäre und soziale Netzwerke einzubeziehen".[536] Gleichzeitig ist bei der wiederkehrenden Zuständigkeit des Jugendstrafrichters die Gefahr der Vorverurteilung naheliegend und möglich.[537] Im Raum steht eine mögliche Prädisposition des Richters bei wiederkehrender Zuständigkeit. Eine Konzentrationswirkung kann für den wiederholt strafauffällig gewordenen Delinquenten daher nicht nur von Vorteil sein.

Bedenken ergeben sich auch im Hinblick auf die bereits angesprochene ungleichmäßige Verteilung der Geschäfte, die im Regionalisierungsprinzip auftreten können. Bei eingangsstarken Regionen droht einzelnen Jugend-

536 Volbert/ Steller, in: Handbuch der Rechtspsychologie, S. 163.

537 „Gerade besonders pädagogisch engagierte Jugendrichter sind in der Gefahr, den Rückfall des Angeklagten als eine persönliche Enttäuschung zu erleben" Pfeiffer, in: ZJJ 2010, 323 (324); „Auch, wenn es immer wieder in Abrede gestellt wird, besteht bei einem so frühzeitigen ins Spiel bringen des Richters wie beim Neuköllner Modell, die Gefahr von Sanktionseskalationen. Denn gerade bei der Zielgruppe des Neuköllner Modells muss schon in Anbetracht des jungen Alters der Täter mit Rückfällen gerechnet werden, mit der Folge vermehrter Urteilsarreste in späteren Verfahren, auch aufgrund der von Christian Pfeiffer zutreffend beschriebenen persönlichen Enttäuschung auf Seiten der Jugendrichter" Frenzel, in: ZJJ 2011, 70 (72).

richtern eine Überlastung. Da eine Abgabe von Verfahren nach der Eingangsregistratur an und für sich nicht möglich ist, dehnt sich der Zeitabstand zwischen Tat und Hauptverhandlung letztlich aus. Die ungleichmäßigen Terminabstände unter den Jugendrichtern hemmen dann die innewohnende Beschleunigung.

Zwischenergebnis

Das Regionalisierungsprinzip als Geschäftsverteilungssystem weist eine regionale und personelle Bezogenheit auf, die an vielen Stellen im JGG vom Gesetzgeber erwünscht und beabsichtigt ist. Diese Bindung trägt dazu bei, dass die soziale Komponente des Jugendlichen bei wiederkehrender Zuständigkeit womöglich besser erfasst und berücksichtigt werden kann, als eine rotierende, anonyme richterliche Zuständigkeit. Das Regionalisierungsprinzip führt eine Nähe zur Örtlichkeit herbei und zwingt den Jugendrichter förmlich, sich mit den regionalen Gegebenheiten auseinanderzusetzen. Dieses Wissen vermittelt dem Jugendrichter mehr Raum für die dahinterstehende Entwicklungsgeschichte des Jugendlichen und ist zugleich Grundlage der Sanktionsentscheidung.[538] Durch die gleichbleibende Zuständigkeit des Jugendrichters können die vorherrschenden Familienverhältnisse, Beweggründe und die Eigenheit des Jugendlichen auf der Rechtsfolgenseite besser berücksichtigt werden.[539] Etwaige Sanktionen können sich besser an dem Jugendlichen selbst orientieren. Zeitgleich birgt das Regionalisierungsprinzip bei wiederholter Strafauffälligkeit des Jugendlichen und gleichbleibender richterlicher Zuständigkeit eine Gefahr der Stigmatisierung in sich. Das Regionalisierungsprinzip hätte auf beiden Seiten eine Personenidentität zur Folge. Sicher ist dies ein berechtigter und menschlich nachzuvollziehender Einwand, jedoch muss das Vertrauen in die Redlichkeit des Jugendrichters über die bloße Befürchtung hinweghelfen. Einem berechtigten Einwand an der Unvoreingenommenheit stehen rechtsstaatliche Instrumente zur Seite.

538 „[Der Jugendrichter] muss versuchen, auf der Grundlage des Berichts der Jugendgerichtshilfe und dem Gesamteindruck der Hauptverhandlung, die Persönlichkeit des Jugendlichen zu erfassen und dessen weitere Entwicklung sowie Angemessenheit und Wirkung der Sanktion dem Einzelfall entsprechend zu beurteilen" Simon, S. 114.

539 Simon, S. 12, 111.

Dem schwerwiegenden Defizit der punktuellen Arbeitsüberlastung einzelner Jugendrichter in eingangsstarken Regionen muss entgegengewirkt werden. Dabei ist folgende Konstellationen denkbar: Zunächst könnte eine unterjährige Änderung des Geschäftsverteilungsplans Abhilfe schaffen. Einer punktuellen Überschreitung des Solls, könnte das Präsidium für die Zukunft mit Entlastungsmaßnahmen, d.h. der Schaffung von neuen Abteilungen (Spruchkörper), entgegenwirken. In einem Beschluss würde dann festgehalten, dass die Abteilung X für einen bestimmten Zeitraum von Neueingängen entlastet wird. Ein anderer Jugendrichter müsste an dieser Stelle die Eingänge des zu entlastenden Kollegen zugewiesen bekommen. Daher müsste das Präsidium den Ausgleich mit einem weniger eingangsstarken Bezirk durchführen. Nachteil dessen könnte die temporäre Loslösung der bezirksorientierten Zuständigkeit für den Jugendrichter bedeuten, der den Ausgleich durchzuführen hat. Sofern diese Form der Entlastung nicht gelingt, alle Jugendrichter in ihren Pensen ausgelastet sind oder aber der Ausgleich für einen längeren Zeitraum vonnöten ist, könnte das Präsidium auf Vertretungsrichter zurückgreifen, um die Entlastung durchzuführen. Vertretungsrichter sind u.a. Richter auf Probe (§ 12 DRiG) die als Jugendrichter bestellt werden könnten. Anders als bei den Familien- und Betreuungsgerichten (§§ 23 b III S. 2, 23 c II S. 2 GVG) kann der Richter auf Probe im Jugendstrafverfahren den richterlichen Dienst ausüben.[540]

540 Vgl. zur Vereinbarkeit mit § 37 JGG Niedersächsischer Landtag, Drucksache 15/4382.

Schlusswort

Zurecht stellt Ostendorf fest, dass „der Stellenwert des vereinfachten Jugendverfahrens zwischen der Diversion und dem förmlichen Verfahren [...] in der Praxis angehoben werden“[541] sollte. Auf die Frage der Verwert-, Nutz-, und Einsetzbarkeit des vereinfachten Jugendverfahrens ist dem Land Berlin mit dem Neuköllner Modell ein vielversprechender Ansatz präsentiert worden.[542] Diesen Ansatz gilt es nunmehr aufzugreifen, weiterzuentwickeln und zu verfestigen.

Demnach sollte das besonders beschleunigte Verfahren als fester Bestandteil Eingang in die polizeiliche Aus- und Fortbildung finden, um im Rahmen der polizeilichen Vorgangsbearbeitung einen einheitlichen Sach- und Kenntnisstand zu gewährleisten. Die Wahl einer regionalen Zuständigkeit auf staatsanwaltschaftlicher- und gerichtlicher Ebene könnte dabei ein ebenso wichtiger Schritt sein, wie eine allgemeinverbindliche Verschriftlichung des Neuköllner Modells, die der Verfahrensform verhilft, ihren Platz zwischen dem formellen Anklageverfahren und dem informellen Verfahren einzunehmen.

Von Bedeutung ist nach wie vor die wissenschaftliche Begleitung des Neuköllner Modells, daher sollte es nicht beim Forschungsauftrag v. 31. Mai 2013 bleiben. Insbesondere der potenzielle Mehrwert, der sich durch die neue Organisationsform der Berliner Polizei und der teilweisen Regionalisierung der Jugendstaatsanwaltschaft entfalten könnte, ist in künftigen Untersuchungen kritisch zu würdigen. Für die institutions- und behördenübergreifende Zusammenarbeit kann ferner das Zusammenwirken der Wohnortzuständigkeit der Polizeidirektion 2 und der regionalisierten Zuständigkeit von Jugendstaatsanwaltschaft und Jugendgerichtshilfe von Bedeutung sein. Dies sollte bei einer etwaigen Ausweitung des Probelaufs der sog. 'Staatsanwaltschaft für den Ort' bedacht werden.

Im Ergebnis wäre es wünschenswert, wenn das Neuköllner Modell dem Land Berlin erhalten bliebe.

---

541 Ostendorf, LB-JGG, S. 119 Rn. 148.

542 „Das Neuköllner Modell ist ein kleiner, [...], wichtiger und auch erfolgreicher Baustein bei der Bekämpfung der Jugendkriminalität“, Abgeordnetenhaus Berlin, Plenarprotokoll, Gisela von der Aue, 16/ 84, S. 8065.

Anlage I: Konzeptpapier für das besonders beschleunigte Verfahren nach dem Neuköllner Modell

Das Neuköllner Modell
Das besonders beschleunigte vereinfachte Jugendverfahren

von Richter am Amtsgericht Stephan Kuperion
Stand Juli 2015

I. Konzeption und Idee

- schnelle Reaktion auf die Tat ist erzieherisch wirksamer
- Täter und Opfer leben noch in der Lebenssituation zur Zeit der Tat
- Täter und Opfer haben bessere Erinnerung

Durch frühzeitige Absprachen sollen Liegezeiten der Akte in Fällen, bei denen eine schnelle Reaktion besonders geboten erscheint, vermieden werden.

Für dieses Konzept eignet sich das vereinfachte Verfahren gemäß § 76 ff. JGG, da

- keine formale Anklage, sondern nur ein kurzer Antrag von der StA zu schreiben ist,
- keine Erklärungsfrist gemäß §§ 201 ff. StPO gewährt werden muss,
- das vereinfachte Verfahren keine Ladungsfrist gemäß § 217 StPO kennt.

II. Entwicklung vom Neuköllner zum Berliner Modell

am 1. Januar 2008 Start mit den Polizeiabschnitten 55 und 54
am 1. Juli 2008 Start in der gesamten Pol. Dir. 5
am 1. September 2009 Start in der Pol. Dir. 6
am 1. Januar 2010 Start in der Pol. Dir. 1
am 1. Juni 2010 Start in den Pol. Dir. 2, 3 und 4

Auch nachdem das Modell nunmehr in allen Stadtbezirken Berlins angewendet wird, behält das besonders beschleunigte durchgeführte vereinfachte Jugendverfahren die **Bezeichnung Neuköllner Modell (NKM)** nach dem Bezirk seiner Entstehung. Das Neuköllner Modell beruht ausschließlich auf Absprachen zwischen der Polizei, der Staatsanwaltschaft, den Jugendgerichtshilfen der Bezirke und den Jugendrichtern des Amtsgerichts Tiergarten.

II. Die gesetzlichen Voraussetzungen (§§ 76 bis 78 JGG)

Formale Voraussetzungen

1. hinreichender Tatverdacht gegen **Jugendliche** (14 aber noch keine 18 Jahre alt zur Tatzeit) (das vereinfachte Jugendverfahren gemäß § 76 ff. JGG ist **nicht bei Heranwachsenden** (18, aber noch keine 21 Jahre alt zur Tatzeit) anwendbar)
2. jugendliche Tatverdächtige, die in **Berlin** wohnhaft sind;

Das Neuköllner Modell kann bei nicht in Berlin lebenden Tatverdächtigen keine Anwendung finden, nach den gesetzlichen Zuständigkeitsregelungen sowohl die Staatsanwaltschaft als auch die Jugendrichter gehalten sind, das Verfahren an die für den Wohnort zuständigen Behörde abzugeben und das Neuköllner Modell in Brandenburg nicht praktiziert wird.

Materielle Voraussetzungen

1. **hinreichender Tatverdacht** muss vorliegen **bei „einfacher Beweislage“**
   (vgl. § 77 Abs. 1 Satz 1 JGG) aufgrund
   - umfassenden oder auch nur pauschalen Geständnisses oder aber
   - trotz Schweigens oder Bestreitens des TV, wenn voraussichtlich mit etwa drei Zeugen in der Verhandlung auszukommen sein wird
2. ob Tatvorwurf <u>Verbrechen</u> oder <u>Vergehen</u> ist, ist grundsätzlich irrelevant!
3. **Weder Jugendstrafe** (§§ 17, 18 JGG) **noch** die Anordnung der Hilfe zur Erziehung i.S.v. § 12 Nr. 2 JGG (beinhaltet **Auflage, sich ganztägig in einer betreuten Jugendeinrichtung aufzuhalten) dürfen** im Hinblick auf den Tatvorwurf und Person des TV **erwartet werden** (vgl. §§ 76 und 77 Abs. 1 Satz 1 JGG). Verhängt werden können Erziehungsmaßregeln, insbesondere Weisungen gemäß § 10 JGG, Zuchtmittel, z.B. Auflagen gemäß § 15 JGG, Verwarnung gemäß § 14 JGG Jugendarrest bis zu vier Wochen gemäß § 16 JGG.

IV. Abläufe bei der Polizei

1. Erkennen eines geeigneten Falles

Checkliste:

- Voraussetzungen für eine Entscheidung im vereinfachten Jugendverfahren erfüllt

  Jugendlicher Tatverdächtiger
  Zuständigkeit der Berliner Polizei, StA und des AG Tiergarten;
  einfache Beweislage;
  Rechtsfolgenprognose jugendrichterliche Befassung erforderlich, aber
  keine Jugendstrafe oder Heimunterbringung erwartet
- **Vorrang der Diversion**
  niederschwelligere Maßnahmen ohne richterliche Befassung – Absehen von der Verfolgung nach § 45 Abs. 1 oder Abs. 2 JGG – sind nicht ausreichend, richterliche Befassung mit dem Fall ist nach Einschätzung der Polizei geboten;
- **Vorrang des Täter-Opfer-Ausgleichs**
  wird ein TOA als sachgerechteste Maßnahme erachtet, ist ein Verfahren nach dem Neuköllner Modell nur möglich, wenn der TOA nicht bis zur Hauptverhandlung abgeschlossen sein muss (kein „beschleunigter TOA"); der TOA oder dessen Fortsetzung kann dann in der Hauptverhandlung angeordnet werden;
- **besondere Eilbedürftigkeit**

  z. B. Taten mit Schulbezug
  Taten in der Familie
  Täter mit Vielzahl an Taten als Strafunmündiger
  Taten mit Wiederholungsgefahr
  Täter mit besonderer Ignoranz gegenüber polizeilichen Maßnahmen
  Taten mit fortbestehendem Konfliktpotential
  Täter mit Schulversäumnistendenz
  Täter aus schwerer kriminellem Umfeld
  gescheiterte Diversion in einem Vorverfahren
  gescheiterte Diversion im selben Verfahren

  keine abschließende Aufzählung!

2. **Anruf bei der Staatsanwaltschaft**, wenn Prüfung gem. Checkliste aus pol. Sicht positiv ausfällt

a) **Zuständigkeit** der Direktionsbeauftragten und des Vertreters **der Staatsanwaltschaft Berlin** beachten;
maßgebend für die Zuständigkeit ist der Wohnort des auf dem Deckblatt an erster Stelle genannten jugendlichen oder heranwachsenden Beschuldigten
Kann der/die für die Direktion zuständige Direktionsbeauftragte oder der/die Vertreter(in) nicht erreicht werden, kann sofort bei einem der anderen Direktionsbeauftragen / Vertreter(in) angerufen werden.

Dir 1	Direktionsbeauftragter	OStA [redacted]
	Vertreterin	StA'in [redacted]
Dir 2	Direktionsbeauftragter	OStA [redacted]
	Vertreterin	StA'in [redacted]
Dir 3	Direktionsbeauftragte	OStA'in [redacted]
	Vertreterin	StA [redacted]
Dir 4	Direktionsbeauftragter	OStA [redacted]
	Vertreterin	StA'in [redacted]
Dir 5	Direktionsbeauftragter	OStA [redacted]
	Vertreter	StA'in [redacted]
Dir 6	Direktionsbeauftragte	OStA'in [redacted]
	Vertreter	StA [redacted]

Ist für die Bearbeitung des Beschuldigten, weil dieser selbst ein strafmündig gewordener Intensivtäter oder ein Mittäter eines Intensivtäters ist, die Abt. 265 der Staatsanwaltschaft zuständig, erfolgt der Anruf nicht bei dem dortigen Abteilungsleiter, sondern bei dem TOE-Dezernenten.

b) **Anruf** bei Unsicherheit, ob Diversion oder das Neuköllner Modell Anwendung finden soll auch schon **vor der Vernehmung des Be-**

schuldigten; u.U. auch mehrere Handlungsalternativen je nach dem Verhalten des Beschuldigten

c) Fernmündliche **Fallschilderung**

d) **Vermerk** über das Telefonat – auch bei Ablehnung des Vorschlags – in der Akte unter **Verwendung des Begriffs „Neuköllner Modell"**

e) **bei Zustimmung** durch den Direktionsbeauftragen oder dessen Vertreter

   bei der StA:

   - Benennung der zuständigen Abteilung, des Abteilungsleiters, der Geschäftsstelle und des Dienstgebäudes der Staatsanwaltschaft
   - fernmündliche Absprache des Ermittlungsumfanges mit der Staatsanwaltschaft
   - schnellstmöglicher Abschluss des Vorganges durch Polizei, Vernehmung der notwendigen Zeugen und des Beschuldigten innerhalb weniger Tage durch
     telefonische Ladung der Zeugen; Aufsuchen der Zeugen;
     Notieren der Telefonnummer von Beschuldigten und Zeugen;
     beschleunigte Bearbeitung kriminalistischer Untersuchungen, soweit möglich;
   - Übersendung des **Schlussberichtes per Fax an** die zuständige **JGH** mit dem **deutlichen Hinweis auf der ersten Seite** (Vermerk oder Vorblatt), dass es sich gemäß der Absprache mit der Staatsanwaltschaft um ein Verfahren nach dem **Neuköllner Modell** handelt und mit **Angabe der Telefonnummer d. Beschuldigten**, damit die JGH ggf. telefonisch zum Gespräch laden kann
   - **Prüfvermerk Diversion/ vereinfachtes Jugendverfahren** ausfüllen und ohne Akte mit einer Kopie des Schlussberichtes an Jugend- bzw. Diversionsbeauftragten der Polizei weiterleiten.
     Diversions- und Jugendbeauftragte sind derzeit:

Dir. 1	Frau [redacted]		Tel.: [redacted]
Dr. 2	Herr [redacted]		Tel.: [redacted]
Dir 3	Frau [redacted]		Tel.: [redacted]
Dir 4	Frau [redacted]		Tel.: [redacted]
Dir. 5	Frau [redacted]	(JuB)	Tel.: [redacted]
	Frau [redacted]	(DivB)	Tel.: [redacted]
Dir 6	Herr [redacted]		Tel.: [redacted]
LKA 1	Frau [redacted]		Tel.: [redacted]
LKA 2,6	Frau [redacted]		Tel.: [redacted]
.KA 3	Frau [redacted]		Tel.: [redacted]
LKA 5	Frau [redacted]		Tel.: [redacted]

- **Aktentransport zur Staatsanwaltschaft** unter Nutzung von ohnehin beanspruchten Polizeikurieren in anderen Sachen (z.B. Durchsuchungsbeschlüsse oder Haftbefehle), Mitnahme der Akten durch Polizeibeamte, die als Zeugen Termine im Kriminalgericht haben
- Adressierung an den Abteilungsleiter oder dessen Vertreter der für die Bearbeitung zuständigen Abteilung der Staatsanwaltschaft unter Angabe des Dienstgebäudes

f) **bei Ablehnung** durch den Direktionsbeauftragten/ Vertreter der StA: standardisierte Sachbearbeitung entsprechend der polizeilichen Dienstvorschriften

V. Weiterer Verfahrensablauf bei der Justiz

1. Prüfung durch den /die **zuständigen Staatsanwalt(in)**, ob Antrag nach § 76 ff. JGG gestellt wird.
   Es kann daher auch entgegen der Absprache mit dem Direktionsbeauftragten der Staatsanwaltschaft eine förmliche Anklage erhoben werden.
2. Antragstellung:
   a) möglichst zeitnah nach Eingang des Verfahrens mit max. Beschleunigung;
   b) Benachrichtigung der zuständigen JGH vom Antrag durch Telefax;
   c) Kennzeichnung der Akte mit einem gelben Aufkleber NKM
   Nur Verfahren nach dem Neuköllner Modell dürfen mit diesem Aufkleber versehen werden. Sie werden beim Amtsgericht Tiergarten ab Eingang wie Haftsachen beschleunigt bearbeitet;
   d) Übersendung der Akten an das Jugendgericht;
3. Annahme durch das **Jugendgericht**
   a) tagaktuelle Eintragung durch die zentrale Eingangsregistratur und schnellstmögliche Übersendung an die zuständige Abteilung;
   b) Prüfung durch den Jugendrichter, ob im vereinfachten Jugendverfahren entschieden werden kann und soll;
   c) schnellstmögliche Terminierung ohne Erklärungs- und Ladungsfrist (angestrebt: Verhandlung möglichst innerhalb von drei bis vier Wochen nach der Tat).
   d) **schriftliche Mitteilung des Verfahrensausgangs unmittelbar nach dem Termin an den Diversionsbeauftragten/ Jugendbeauftragten** der jeweiligen Polizeidirektion durch **Übersendung des** von der Polizei der Akte lose beigefügten und bereits bzgl. des Namens des polizeilichen Aktenzeichens und der Rücksendeadresse ausgefüllten **Rückmeldebogens,** in den vom Jugendrichter nur noch die Aktenzeichen der Staatsanwaltschaft und des Gerichts einzutragen und das Terminergebnis zu vermerken sind.
   Die Übersendung des schriftlichen Urteils oder endgültigen Einstellungsbeschlusses erfolgt nur auf gesonderte Anforderung des Diversionsbeauftragten/ Jugendbeauftragten der Polizei.
   e) bei **Abschluss durch Urteil:** Zustellung des Urteilstenors an die StA durch Übersendung der Akte oder – bei Rechtsmittelverzicht des Angeklagten und gesetzlichen Vertreters in der Hauptverhandlung – durch Übersendung des Urteilstenors per Fax an Hauptabteilungsleiter der Staatsanwaltschaft.

Der Rechtsmittelverzicht der Staatsanwaltschaft wird dann per Fax an das Gericht übersandt. Somit kann z.B. die Arrestvollstreckung sehr schnell eingeleitet werden.

f) bei **Abschluss durch Beschluss nach § 47 JGG:**
unverzügliche formlose Bekanntgabe gegenüber Staatsanwaltschaft.

g) bei Verhängung von **Jugendarrest**
schnellstmögliche Vollstreckung durch die zuständige Abteilung 417.

4. Ablehnung durch das Jugendgericht
   a) Unanfechtbarkeit der Entscheidung (§ 77 Abs. 1 Satz 3 JGG);
   b) Erhebung einer förmlichen Anklage vor dem Jugendgericht durch die Staatsanwaltschaft.

Literaturverzeichnis

Arbeitsstelle Kinder- und Jugendkriminalitätsprävention (Hrsg.), Schnelle Reaktion. Tatverdächtige Kinder und Jugendliche im Spannungsfeld zwischen beschleunigtem Verfahren und pädagogischer Hilfe 2001, einsehbar unter: http://www.dji.de/filead min/user_upload/bibs/_4_Schnelle_Reaktion_1.pdf (zuletzt abgerufen am 10. März 2016, zitiert als: Bearbeiter, in: Arbeitsstelle für Kinder und Jugend, S. ...)

Baumann Jürgen/ Weber Ulrich/ Mitsch Wolfgang, Strafrecht Allgemeiner Teil, Lehrbuch, Verlag Ernst und Werner Gieseking 2003, 11. Auflage (zitiert als: Baumann/ Weber/ Mitsch, § ... Rn. ...)

Baumanns Silke, Der Beschleunigungsgrundsatz im Strafverfahren- Die Verfahrensüberlänge und ihre Rechtsfolgen, Nomos Verlag 2011 (zitiert als: Baumanns, S. ...)

Bartels Corinna, Das Strafbefehlsverfahren bei Heranwachsenden in Theorie und Praxis, Verlag Dr. Kovač 2007 (zitiert als: Bartels, S. ...)

Böhm Alexander/ Feuerhelm Wolfgang, Einführung in das Jugendstrafrecht, Band 51, C.H. Beck Verlag 2004, 4. Auflage (zitiert als: Böhm/ Feuerhelm, § ... S. ...)

Brunner Rudolf/ Dölling Dieter, Jugendgerichtsgesetz, Kommentar, De Gruyter Verlag 2011, 12. Auflage (zitiert als: Brunner/ Dölling, § ... Rn. ...)

Budelmann Hannes, Jugendstrafrecht für Erwachsene? Zur Anwendbarkeit von Jugendstrafrecht auf sich zum Verfahrenszeitpunkt im Erwachsenenalter befindliche Personen, Peter Lang Verlag 2005 (zitiert als: Budelmann, S. ...)

Dallinger Wilhelm/ Lackner Karl, Jugendgerichtsgesetz, Kommentar, C.H. Beck Verlag 1955 (zitiert als: Dallinger/ Lackner, § ... Rn. ...)

Deppe Klaus Peter, Aufbruch mit neuen Ideen- Ein etwas anderer Ansatz zur Bekämpfung der Jugendkriminalität, Kriminalistik 1994, 123

Diemer Herbert/ Schatz Holger/ Sonnen Bernd-Rüdeger, Jugendgerichtsgesetz mit Jugendstrafvollzugsgesetzen, C.F. Müller Verlag 2015, 7. Auflage (zitiert als: D/S/S-Bearbeiter, § ... Rn. ...)

Dollinger Bernd, Rezension- Das Ende der Geduld, ZJJ 2010, 436

Dölling Dieter, Aus der neuen Rechtsprechung zum Jugendstrafrecht, NStZ-RR 2009, 193

Dölling Dieter/ Duttge Gunnar/ Rössner Dieter (Hrsg.), Gesamtes Strafrecht, StGB, StPO, Nebengesetze, Handkommentar, Nomos Verlag 2013, 3. Auflage (zitiert als: HK-GS/ Bearbeiter, § ... Rn. ...)

Dreier Horst (Hrsg.), Grundgesetz Kommentar, Band II, Mohr Siebeck Verlag 2015, 3. Auflage (zitiert als: Bearbeiter, in: Dreier, Band II, Art. ... Rn. ...)

Drews Nele, Die Aus- und Fortbildungssituation von Jugendrichtern und Jugendstaatsanwälten in der Bundesrepublik Deutschland – Anspruch und Wirklichkeit von § 37 JGG, Shaker Verlag 2005 (zitiert als: Drews, S. ...)

Eisenberg Ulrich, Wie Jugendgerichte den Tatvorwurf Abziehen von Sachen behandeln, DRiZ 2006, 120 ff.

Ders., Kurzkommentar zum Jugendgerichtsgesetz, C.H. Beck Verlag 2016, 18. Auflage (zitiert als: Eisenberg, § … Rn. …)

Ders., Beweisrecht der StPO, Spezialkommentar, C.H. Beck 2015, 9. Auflage (zitiert als: Eisenberg, StPO, Rn. …)

Elsner Beatrix, Entlastung der Staatsanwaltschaft durch mehr Kompetenzen für die Polizei? Eine deutsch-niederländisch vergleichende Analyse in rechtlicher und rechtstatsächlicher Hinsicht, Univ.-Verl. Göttingen 2008, einsehbar unter: http://www.univerlag.uni-goettingen.de/bitstream/handle/3/isbn-978-3-940344-59-5/gsk5_elsner.pdf?sequence=1 (zuletzt abgerufen am 10. März 2016, zitiert als: Elsner, S. …)

Erb Volker/ Esser Robert/ Franke Ulrich/ Graalmann-Scheerer Kirsten/ Hilger Hans/ Ignor Alexander (Hrsg.), Löwe-Rosenberg, Die Strafprozessordnung und das Gerichtsverfassungsgesetz, Großkommentar, Band 9, De Gruyter Verlag 2010, 26. Auflage (zitiert als: Bearbeiter, in: Löwe-Rosenberg, Band 9, § … Rn. …)

Ders., Löwe-Rosenberg, Die Strafprozessordnung und das Gerichtsverfassungsgesetz, Großkommentar, Band 8, De Gruyter Verlag 2009, 26. Auflage (zitiert als: Bearbeiter, in: Löwe-Rosenberg, Band 8, § … Rn. …)

Ernst Marcel, Das beschleunigte Verfahren im Strafprozeß und seine Handhabung in Bochum, Shaker Verlag 2001 (zitiert als: Ernst, S. …)

Fezer Gerhard, Vereinfachte Verfahren im Strafprozeß, ZStW 106 (1994), S. 1 f.

Frenzel Helmut, Des Kaisers neue Kleider oder das Neuköllner Modell, ZJJ 2011, 70

Fritsch Konstanze, Möglichkeiten und Grenzen in der Kooperation von Jugendhilfe und Polizei, ZJJ 2011, 393

Giffey Franziska/ Müller Bernd R., Die Bedeutung der Sprachkompetenz und der Anerkennung von Berufs- und Schulabschlüssen für die Integration, FPR 2011, 435

Graf Jürgen-Peter (Hrsg.), Beck'scher Online-Kommentar, StPO mit RiStBV und MiStra, 23. Edition Stand: November 2015, C.H. Beck Verlag (zitiert als: BeckOK StPO/Bearbeiter, EMRK, Art. … Rn. …)

Haack Tim, Die Systematik der vereinfachten Strafverfahren, Nomos Verlag 2009 (zitiert als: Haack, S. …)

Hanack Ernst-Walter, Prozeßhindernis des überlangen Strafverfahrens? JZ 1971, 705

Hannich Rolf (Hrsg.), Karlsruher Kommentar zur Strafprozessordnung, C.H. Beck Verlag 2013, 7. Auflage (zitiert als: KK-Bearbeiter, § … Rn. …)

Hase Peter, Bundeszentralregistergesetz- mit Verwaltungsvorschriften zur Durchführung des BZRG, Kommentar, C.H. Beck Verlag 2014, 2. Auflage (zitiert als: Hase, in: BZRG, § … Rn. …)

Heinemann Eva, Diversionsrichtlinie im Jugendstrafrecht- Segen oder Fluch, Das Archiv Mainzer elektronischer Dokumente 2010, einsehbar unter: http://ubm.opus.hbz-nrw.de/volltexte/2010/2497/ (zuletzt abgerufen am 10. März 2016, zitiert als: Heinemann, S. …)

Heinz Wolfgang, Diversion im Jugendstrafrecht und im allgemeinen Strafrecht Teil 2, DVJJ-Journal 1999, 11

Heisig Kirsten, Das Ende der Geduld, Herder Verlag 2010 (zitiert als: Heisig, S. …)

Herzog Roman/ Scholz Rupert/ Herdegen Matthias/ Klein Hans (Hrsg.), Grundgesetz, Kommentar, Band III, C.H. Beck Verlag, 75. EL Stand: September 2015 (zitiert als: Bearbeiter, in Maunz/ Düring, Komm. z. GG, Band III, Art. … Rn. …)

Höynck Theresia/ Sonnen Bernd-Rüdeger, Jugendstrafrecht als Spielball im Prozess politischer Meinungsbildung, ZRP 2001, 245

Jarass Hans D./ Pieroth Bodo, Grundgesetz für die Bundesrepublik Deutschland, Kommentar, C.H. Beck Verlag, 13. Auflage 2014 (zitiert als: Jarass/ Pieroth, Art. … Rn. …)

Jeney Tanja, Vereinfachtes Strafverfahren mit Hauptverhandlung, Rechtswissenschaftliche Forschungsberichte, Mensch & Buch Verlag 2002 (zitiert als: Jeney, S. …)

Jung Heike, Kriminalsoziologie, Nomos Verlag 2007, 2. Auflage (zitiert als: Jung, S. …)

Kunig Philip (Hrsg.), Kommentar zum Grundgesetz, Band 2, C.H. Beck Verlag 2012, 6. Auflage (zitiert als: Bearbeiter, in: v. Münch/ Kunig, GGK II, Art. … Rn. …)

Ders., Kommentar zum Grundgesetz, Band 1, C.H. Beck Verlag 2012, 6. Auflage (zitiert als: Bearbeiter, in: v. Münch/ Kunig, GGK I, Art. … Rn. …)

Kant Martina/ Hohmeyer Christine, Institut für Bürgerrechte & öffentliche Sicherheit e.V. Polizeiliche Bekämpfung von Jugendkriminalität- Ambivalente Strategien zwischen Prävention und Repression, Bürgerrechte & Polizei/CILIP 063 (Nr. 2/ 1999), einsehbar unter: https://www.cilip.de/1999/08/20/polizeiliche-bekaempfung-von-jugendkriminalitaet-ambivalente-strategien-zwischen-praevention-und-repression/ (zuletzt abgerufen am 10. März 2016, zitiert als: Kant/ Hohmeyer, in: Bürgerrechte & Polizei/CILIP 063 (Nr. 2/1999)

Keidel Theodor, Kommentar zum Gesetz über das Verfahren in Familiensachen und in Angelegenheiten der freiwilligen Gerichtsbarkeit, C.H. Beck Verlag 2014, 18. Auflage (zitiert als: Bearbeiter, in: Keidel Kommentar z. FamFG § … Rn. …)

Khostevan Alireza, Zügiges Strafverfahren bei jugendlichen Mehrfach- und Intensivtätern; Das Münsteraner Modellprojekt >B-Verfahren<, Waxmann Verlag 2008 (zitiert als: Khostevan, S. …)

Kissel Rudolf/ Mayer Herbert (Hrsg.), Gerichtsverfassungsgesetz, Kommentar, C.H. Beck Verlag 2015, 8. Auflage (zitiert als: Kissel/ Mayer, Kommentar zum GVG, § …, Rn. …)

Kloepfer Michael, Verfahrensdauer und Verfassungsrecht, JZ 1979, 209

Kraft Bettina, Tendenzen in der Entwicklung des Jugendstrafrechts seit der Jugendgerichtsbewegung, Peter Lang Verlag 2004 (zitiert als: Kraft, S. …)

Krey Volker, Deutsches Strafverfahrensrecht, Band 1, Kohlhammer Verlag 2006 (zitiert als: Krey, Band 1, § … Rn. …)

Krumm Casten, OWi-Verfahren vor dem Jugendrichter- 10 Fragen und 10 Antworten, NZV 2010, 68

Krüger Wolfgang/ Rauscher Thomas (Hrsg.), Münchener Kommentar zur ZPO, Band 3, C.H. Beck Verlag 2013, 4. Auflage (zitiert als: Bearbeiter, in: Münchener Kommentar zur ZPO, Band 3, § … Rn. …)

Krüger Tobias/ Bräuer Benjamin/ Möhr Thomas, Kompass Spezial, Die Struktur der örtlichen Direktionen, (zitiert als: Krüger/ Bräuer, in: Kompass Spezial, 9/ 2014, S. …)

Kuperion Stephan, Konzeptpapier zum Neuköllner Modell- Das besonders beschleunigte vereinfachte Jugendstrafverfahren, Stand: Juli 2015

Lange Jürgen, Darf und soll die Staatsanwaltschaft bei Gruppendelikten Jugendlicher in besonderen Fällen abweichend von den Gerichtsständen des § 42 JGG eine gemeinsame Anklage zum Tatortgericht erheben, NStZ 1995, 110

Laubenthal Klaus/ Nina Nestler, Strafvollstreckung, Springer Verlag 2010, (zitiert als: Laubenthal/ Nestler, Strafvollstreckung, S. … Rn. …)

Mann Holger, Beschleunigungspotenzial im Jugendstrafverfahren, Peter Lang Verlag 2004 (zitiert als: Mann, S. …)

Meier Bernd-Dieter/ Rössner Dieter/ Schöch Heinz, Lehrbuch zum Jugendstrafrecht, C.H. Beck Verlag 2013, 3. Auflage (zitiert als: Meier/ Rössner/ Schöch, S. … Rn. …)

Meier Bernd-Dieter/ Rössner Dieter/ Trüg Gerson/ Wulf Rüdiger (Hrsg.), Kommentar zum Jugendgerichtsgesetz, Nomos Verlag 2014, 2. Auflage (zitiert als: HK-JGG/ Bearbeiter, § … Rn. …)

Mertens Andreas, Schnell oder gut? Die Bedeutung des Beschleunigungsgrundsatzes im Jugendstrafverfahren, Peter Lang Verlag 2003 (zitiert als: Mertens, S. …)

Meyer-Goßner Lutz/ Schmitt Bertram, Strafprozessordnung mit GVG und Nebengesetzen, C.H. Beck Verlag 2015, 58. Auflage (zitiert als: Meyer-Großner/ Schmitt, § … Rn. …)

Mitsch Wolfgang, Recht der Ordnungswidrigkeiten, Springer Verlag 2004, 2. Auflage (zitiert als: Mitsch, Recht der Ordnungswidrigkeiten, § … Rn. …)

Müller Andreas, Schluss mit der Sozialromantik- Ein Jugendrichter zieht Bilanz, Herder Verlag 2013 (zitiert als: Müller, S. …)

Müller Eckhart/ Schlothauer Reinhold (Hrsg.), Münchener Anwalts Handbuch, Strafverteidigung, C.H. Beck Verlag 2014, 2. Auflage (zitiert als: Bearbeiter, MAH Strafverteidigung, § … Rn. …)

Ohder Claudius/ Tausendteufel Helmut/ Vig Sarah, Das besonders beschleunigte vereinfachte Jugendverfahren in Berlin – Eine Evaluation des Neuköllner Modells, Hochschule für Wirtschaft und Recht, einsehbar unter: http://www.dvjj.de/nachrichten-aktuell/abschlussbericht-der-evaluation-zum-neuk-llner-modell-ver-ffentlicht (zuletzt abgerufen am 10. März 2016, zitiert als: Evaluation, S. …)

Ostendorf Heribert, Weiterführung der Reform des Jugendstrafrechts, Vorschläge der 2. Jugendstrafrechtsreformkommission der DVJJ, StV 2002, 436

Ders., Kommentar zum Jugendgerichtsgesetz, Nomos Verlag 2016, 10. Auflage (zitiert als: Ostendorf, NK-JGG, § … Rn. …)

Ders., Jugendstrafrecht, Nomos Verlag 2015, 8. Auflage (zitiert als: Ostendorf, LB-JGG, S. … Rn. …)

Pfeiffer Christian, Kirsten Heisigs Irrtümer, ZJJ 2010, 323

Ders., Kriminalprävention im Jugendgerichtsverfahren, Carl Heymanns Verlag 1983 (zitiert als: Pfeiffer, S. ...)

Ders., Professionalisierung der polizeilichen Jugendarbeit: Implementierung jugendkriminalpolitischer Standards in die polizeiliche Organisation und Praxis am Beispiel des Landes Niedersachsen, DVJJ 1999, 188

Der Polizeipräsident in Berlin, Landeskriminalamt/ Zentralstelle für Prävention (Hrsg.), Jugenddelinquenz in Berlin, Jahresbericht 2011, 2012, 2013, 2014, einsehbar unter: https://www.berlin.de/polizei/verschiedenes/polizeiliche-kriminalstatistik/ (zuletzt abgerufen am 10. März 2016, zitiert als: Jugenddelinquenz in Berlin, Jahresbericht [Jahr], S. ...)

Der Polizeipräsident in Berlin (Hrsg.), Probelauf einer neuen Abschnittsstruktur- Entscheidung der Behördenleitung aufgrund der Evaluation des Berliner Modells, einsehbar unter: http://www.parlament-berlin.de/ados/17/Haupt/vorgang/h17-1475-v.pdf (zuletzt abgerufen am 10. März 2016, zitiert als: Probelauf einer neuen Abschnittsstruktur, S. ...)

Potrykus Gerhard, Weitere Zweifelsfragen nach dem Jugendgerichtsgesetz 1953, NJW 1956, 654

Putzke Holm/ Feltes Thomas, Jugendstrafrecht, Felix-Verlag 2012 (zitiert als: Putzke/ Feltes, S. ...)

Putzke Holm, Beschleunigtes Verfahren bei Heranwachsenden; Zur strafprozessualen Ausprägung des Erziehungsgedankens in der Adoleszenz, Felix Verlag 2004 (zitiert als: Putzke, S. ...)

Rautenberg Erardo Cristoforo, Staatsanwaltschaft und Gewaltenteilung. Ein Plädoyer für die Zuordnung der Staatsanwaltschaft zur Judikative, Neue Justiz 2003, 169

Reichenbach Peter, Der Jugendermittlungsrichter, NStZ 2005, 617

Reichling Hartwig, Die vollständige Protokollierung in der Hauptverhandlung in Strafsachen gemäß § 273 Abs. 3 StPO, Duncker & Humblot Verlag 2003 (zitiert als: Reichling, S. ...)

Reisenhofer Marion, Jugendstrafrecht in der anwaltlichen Praxis, Deutscher Anwaltsverlag 2012, 2. Auflage (zitiert als: Reisenhofer; Jugendstrafrecht in der anwaltlichen Praxis S. ..., Rn. ...)

Roestel Günther, Ablehnung des beschleunigten Strafverfahrens und das vereinfachte Jugendverfahren, NJW 1966, 1952

Rose Frank Guido, Wenn die (Jugend-)Strafe der Tat nicht auf dem Fuße folgt: Die Auswirkungen von Verfahrensverzögerungen im Jugendstrafverfahren, NStZ 2013, 315

Sachs Michael (Hrsg.), Grundgesetz Kommentar, C.H. Beck Verlag 2014, 7. Auflage (zitiert als: Bearbeiter, in: Sachs, Art. ... Rn. ...)

Sellmann Berthold, Genehmigung von Ermittlungshandlungen, Örtliche Zuständigkeit, ZJJ 2008, 390

Schaffstein Friedrich/ Beulke Werner/ Swoboda Sabine, Jugendstrafrecht- Eine systematische Darstellung, Kohlhammer Verlag 2014, 15. Auflage (zitiert als: Schaffstein/ Beulke/ Swoboda, S. ... Rn. ...)

Schaffstein Friedrich, Das vereinfachte Jugendverfahren, Ziele, Gesetze und Wirklichkeit, Mschrkrim 1978, 313

Scheffler Uwe, Die überlange Dauer von Strafverfahren, Materiellrechtliche und prozessuale Rechtsfolgen, Schriften zum Strafrecht, Duncker & Humblot Verlag 1991 (zitiert als: Scheffler, S. …)

Schlie Hermann, Das vereinfachte Jugendverfahren "Lemgoer Modell", DVJJ 1999, 335

Schlüchter Ellen/ Fülber Thorsten/ Putzke Holm, Herausforderung: Beschleunigtes Verfahren (§§ 417 ff. StPO), EuWi-Verlag 1999 (zitiert als: Schlüchter/ Fülber/ Putzke, S. …)

Schmidt, Andrea, Das beschleunigte vereinfachte Jugendverfahren in Bamberg. Das Bamberger Modell im Spannungsfeld zwischen Beschleunigungsziel und Erziehungsgedanke, ZJJ 2014, 31

Schmidt-Bleibtreu Bruno/ Franz Klein/ Hofmann Hans/ Henneke Hans-Günter (Hrsg.), Kommentar zum Grundgesetz, Luchterhand Verlag 2014, 13. Auflage (zitiert als: Bearbeiter, in: Schmidt-Bleibtreu, GG, Art. … Rn. …)

Schoch Friedrich/ Schneider Jens-Peter/ Bier Wolfgang, Kommentar zur VwGO, C.H. Beck Verlag, 29. EL Stand: Oktober 2015 (zitiert als: Bearbeiter, in: Schoch/ Schneider/ Bier, Kommentar zur VwGO, Band I, § … Rn. …)

Schröder Florian, Zur Verfassungsmäßigkeit des Rotationssystems in Geschäftsverteilungsplänen, DRiZ 2006, 291

Schröer Eike, Das beschleunigte Strafverfahren gem. §§ 417 ff. StPO, Duncker & Humblot Verlag 1998 (zitiert als: Schröer, S. …)

Simon Kirsten, Der Jugendrichter im Zentrum der Jugendgerichtsbarkeit- Ein Beitrag zu Möglichkeiten und Grenzen des jugendrichterlichen Erziehungsauftrages in Hinblick auf § 37, Forum Verlag Godesberg 2003 (zitiert als: Simon, S. …)

Sleveking Ruth/ Eisenberg Ulrich/ Held Ulrike, Politische Bestrebungen zu Lasten des Jugendstrafrechts, ZRP 2005, 188

Starck Christian (Hrsg.), Grundgesetz, Kommentar, Band 3, Verlag Franz Vahlen 2010, 6. Auflage (zitiert als: Bearbeiter, in: v. Mangoldt/ Klein/ Starck, GG, Band III, Art. … Rn. …)

Stiftung Sozialpädagogisches Institut Walter May, Clearingstelle- Netzwerk zur Prävention von Kinder- und Jugenddelinquenz, Infoblatt Nr. 17, Diversionsmittler in Berlin, 2001 (zitiert als: Clearingstelle Jugendhilfe/ Polizei, Infoblatt Nr. 17, S. …)

Ders., Clearingstelle- Netzwerk zur Prävention von Kinder- und Jugenddelinquenz, Infoblatt Nr. 46, Registereinträge, Teil 2, Erziehungsregister, Auskunftserteilung aus dem BZR und Führungszeugnis, 2008 (zitiert als: Clearingstelle Jugendhilfe/ Polizei, Infoblatt Nr. 46, S. …)

Ders., Clearingstelle- Netzwerk zur Prävention von Kinder- und Jugenddelinquenz, Infoblatt Nr. 48, Das vereinfachte Verfahren, 2009 (zitiert als: Clearingstelle Jugendhilfe/ Polizei, Infoblatt Nr. 48, S. …)

Streng Franz, Jugendstrafrecht, C.F. Müller Verlag 2012, 3. Auflage (zitiert als: Streng, S. … Rn. …)

Tamm Nils-Christian, Diversion und vereinfachtes Verfahren im Jugendstrafrecht. Eine vergleichende Betrachtung, Verlag Dr. Kovač 2007 (zitiert als: Tamm, S. …)

Vivell Alexander, Das Strafbefehlsverfahren nach Eröffnung des Hauptverfahrens (§ 408 a StPO), Peter Lang Verlag 2006 (zitiert als: Vivell, S. …)

Volbert Renate/ Steller Max (Hrsg.), Handbuch der Rechtspsychologie, Band 9, HOGREFE Verlag 2008 (zitiert als: Volbert/ Steller, in: Handbuch der Rechtspsychologie, S. …)

Wolter Jürgen (Hrsg.), Systematischer Kommentar zur Strafprozessordnung- Mit GVG und EMRK, Band VIII, Carl Heymanns Verlag 2013, 4. Auflage (zitiert als: SK-[…]/ Bearbeiter, Band VIII, § … Rn. …)

Ders., Systematischer Kommentar zur Strafprozessordnung- Mit GVG und EMRK, Band V, Carl Heymanns Verlag 2012, 4. Auflage (zitiert als: SK-[…]/ Bearbeiter, Band V, § … Rn. …)

Zieger Matthias, Verteidigung in Jugendstrafsachen, C.F. Müller Verlag 2008, 5. Auflage (zitiert als: Zieger, Verteidigung in Jugendstrafsachen, S. … Rn. …)

Kolibri 360 GmbH
Ferdinand-Jühlke-Straße 7
99095 Erfurt, Deutschland
produktsicherheit@kolibri360.de